对外汉语教学理论与实践——汉字篇

李 洁 ◎ 著

北京工业大学出版社

图书在版编目（CIP）数据

对外汉语教学理论与实践——汉字篇 / 李洁著. －北京：北京工业大学出版社，2018.12（2021.5 重印）

ISBN 978-7-5639-6523-6

Ⅰ. ①对… Ⅱ. ①李… Ⅲ. ①汉语－对外汉语教学－教学理论 Ⅳ. ①H195.1

中国版本图书馆CIP数据核字（2019）第 021081 号

对外汉语教学理论与实践——汉字篇

著　　者：李　洁
责任编辑：安瑞卿
封面设计：晟　熙
出版发行：北京工业大学出版社
　　　　　（北京市朝阳区平乐园 100 号　邮编：100124）
　　　　　010-67391722（传真）　bgdcbs@sina.com
经销单位：全国各地新华书店
承印单位：三河市明华印务有限公司
开　　本：787 毫米×1092 毫米　1/16
印　　张：9
字　　数：200 千字
版　　次：2018 年 12 月第 1 版
印　　次：2021 年 5 月第 2 次印刷
标准书号：ISBN 978-7-5639-6523-6
定　　价：48.00 元

版权所有　　翻印必究

（如发现印装质量问题，请寄本社发行部调换 010-67391106）

前　言

　　汉字在对外汉语教学中占有特殊位置，因为汉语作为第二语言的教学和学习一般不会只是口语的教和学，书面语的教和学就离不开语言的书写系统，而汉语又是以汉字这种非拼音文字作为书写符号的，因此突破汉字难关就成了对外汉语教学的一项特殊而重要的任务。

　　近年来，有关现行汉字各方面的研究都有了深入的发展。究其原因，主要是以下两方面需求的推动。

　　一是计算机的普及与信息时代的到来。计算机的普及使得中文信息处理中的汉字编码问题成为全社会关注的焦点。计算机本是西方人根据字母拼写成词的特点设计的，中国人输入汉字时用拼音方法自然最为便捷。但由于汉字中存在大量的同音字，加上输入时不分四声，相当一部分使用者还有方言的困扰，使用拼音法时多有不便，形码的设计自然成为人们心目中的理想方案。为将所有汉字中的基本形体构件提取出来在键盘上加以分配，就必须对汉字形体进行切分，用提取公因式的数学方法提取构件、合并同类项，然后设计编码。这种对汉字形体的全面分析和解体（而且参与者远远超出了语文工作者的范围）有别于一般大型辞书只提取部首、对提取后的剩余部分采取依笔画多寡排列的做法，使得人们对汉字构形有了更丰富的认识。这种认识不仅直接用于形码的设计，而且引起了汉字教学界的极大关注。信息化时代的需求，使汉字本身以及与汉字应用有关的各种信息都成为研究和记录的对象。可以说，现行汉字应用研究被关注的程度和进展都是前所未有的。

　　二是世界范围内持续升温的汉语热的推动。以汉语作为第二语言的教学（一般被称为"对外汉语教学"）已经有50多年的历史，近年来，随着中国国力的增强和地位的提高，越来越多的外国人要求学习汉语，这些学习者绝大部分是成人，希望日后来中国观光旅游或参加与中国有关的工作等动机明确而迫切，而可以专门用来学习汉语的时间又相对比较短。因此，对外汉语教学无论在总体设计或具体手段上都面临着新的挑战，尤其是汉字教学。长期以来，汉字教学在整个对外汉语教学中处于滞后状态已是不争的事实。而国内母语教学中对初学者（刚入学的小学生）的汉字教学是在学习者已经掌握几千个口语词的基础上进行的，以书写为主要内容，而且学习者对汉字各种自然属性总体把握的形成时间相对比较漫长（约需5年），因此母语教学中的经验可以直接借鉴的部分非常有限。"突破瓶颈、另辟蹊径"的强烈愿望成为推动汉字与汉字教学研究向深入发展的主要动力，并已取得了丰硕的研究成果。

　　基于以上两个原因，本书进一步在对外汉语教学理论与实践方面做了深入的探讨，首先概述了汉字的基本知识以及对外汉字教学中的汉字性质观，之后探讨了对外汉字教学及其发展与研究，最后分析了对外汉字教学方法等内容。本书结构清晰、理论明确，注重理论与实践相结合，具有系统性、全面性、实用性的特点，相信本书的出版会对对外汉语教学的发展具有极大的促进作用。

另外，作者在编写的过程中参阅了有关对外汉语教学方面的著作，引用了许多专家及学者的研究成果，在此表示最诚挚的谢意。由于时间仓促，作者水平有限，本书不足之处在所难免，恳请广大读者在使用中多提宝贵意见，以便本书以后的修改与完善。

李 洁

2018年9月

目 录

第一章 汉字知识概述……1

第一节 语言系统与文字系统……1

第二节 汉字与汉语的关系……3

第三节 汉字的构造……8

第四节 汉字的简化与整理……15

第二章 对外汉字教学中的汉字性质观……22

第一节 汉字的性质……22

第二节 "方块汉字"的认知……24

第三章 对外汉字教学概述……27

第一节 对外汉字教学的重要性……27

第二节 对外汉字教学理念与教学模式简介……27

第三节 对外汉字教学的基本原则……31

第四章 对外汉字教学发展与研究概况……33

第一节 对外汉字教学……33

第二节 对外汉字教学现状……39

第三节 对外汉字教学研究概况……51

第五章 对外汉字教学方法研究……59

第一节 论汉字笔画观和汉字结构认知的先决性……59

第二节 部件理论在对外汉字教学中的应用……65

第三节 基于对外汉字教学的部件拆分……70

第四节 汉字部件教学分析……76

第五节 从汉字习得角度看单笔部件拆分……81

第六节 形声字教学问题浅说……93

第七节 形声字读音习得中的归类推比法……100

第八节 字、词及汉字教学问题……108

参考文献……113

第一章　汉字知识概述

第一节　语言系统与文字系统

一、语言系统

语言是一种特殊的社会现象，是人类思维的工具，是人类最重要的交际工具。它是一套符号系统。这套符号系统包括语音、词汇和语法三个子系统。

二、文字系统

文字从本质上看也是一种符号。它是记录语言的书写符号，是用来辅助语言完成交际任务的。这是文字的主要功能。文字作为语言的载体，使语言书面化，使语言由听觉信息转化为视觉信息，突破了时空的局限，扩大了交际领域。

根据文字符号本身形式（外形）的不同，文字可分为四类：图画文字、图符文字、字符文字和字母文字。

（一）图画文字

图画文字来自原始图画，是一些有较复杂意义的图形及记号的组合。它被用来交际，传达人的思想、意愿，进行感情交流。它记录的是语言中的语段，是一句或几句话。

图1-1是引自裘锡圭《文字学概要》的纳西族象形文字。

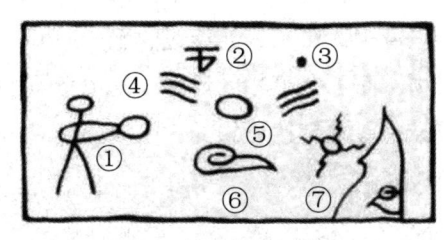

图1-1　纳西族象形文字

图中①表示人拿蛋；②本是"解开"的表意字，在纳西族语里当"解开"讲和当"白"

讲的那两个字同音（类似于汉语的同音字"姓、性"），所以这里假借它来表示"白"。③是黑的表意字；④是风；⑤是蛋；⑥是湖；⑦表示蛋破发光。最右边是"山崖"的形声字。这段图画文字的全部意思是："把这个蛋抛在湖里面，左边吹白风，右边吹黑风，风荡漾着湖水，湖水漾荡着蛋，蛋撞在山崖上，便生出一个光华灿烂的东西来。"

（二）图符文字

图符文字是一种图画和符号合用的文字。埃及的象形文字和中国的甲骨文、金文里的象形文字都是比较有代表性的图符文字。如甲骨文中的半（牛）、下（羊）。这些图符，是图画文字向符号文字转化过程中的过渡文字，具有图画和符号的双重性。

（三）字符文字

字符文字是图符文字进一步符号化的结果。图画文字是用图画来记录一段话，图符文字是以图形和记号来记录词或语素。它们都是由曲线构成的。曲线文字进一步符号化，就是字符文字。在字符文字中，一个文字符号的组合，主要靠点和线。这些点和线组合成方块形（如汉字、西夏文、契丹文、女真文等）、楔形（楔形文字，又称"钉头文字"，如古代苏美尔语、巴比伦语和亚述语所用的文字）、蚯蚓形或鸡肠形（如古印度巴利文、缅文和泰文等）。它们常用几千个字符记录语言的词、语素及音节。

（四）字母文字

字母文字符号数量少，结构进一步简化，成为纯粹符号化的文字。它们按符号之间最简单的拼写规则书写语言中的词语，如希腊文字、拉丁文字和斯拉夫文字等。

三、语言与文字的关系

语言是一种符号系统，文字是记录这种符号系统的符号系统。文字的作用在于记录和传播语言，使语言克服空间和时间的局限，流传异地，流传久远。

文字是在语言的基础上产生的。没有语言就没有文字。超语言的文字是不存在的。

语言不能直接表达事物，必须以思想为中介；而文字不能直接表达思想，必须以语言为中介。正如唐代学者、经学家孔颖达所说："言者意之声，书者言之记。"（《尚书•疏序》）事物是客观存在的，人们认识事物，必须首先通过大脑去感知、去思考，然后才能用语言表达出来；语言是思想的产物，而不是事物的反映，即语言不能直接表达事物。文字记录下来的是语言，它是通过记录语言来表达思想的，文字不能直接表达思想。这一点，我们可以通过一些语言实例得到验证。

（一）不同的语言，可用同样的文字符号记录

如越南语、韩语、日语三种语言，都曾经或正在用汉字记录。德国有一种 Yiddish（"意第绪语"或称"依地语"）方言，很多犹太人说这种方言，这种方言没有文字，因为犹太人原来用希伯来文字，所以也用希伯来字母书写这种与希伯来语完全不相干的德国方言，又因为很多德国犹太人移居到美国，所以在纽约的地铁和公共汽车上能够看见好多人拿着希伯来文报纸，念出来的却是德国话，要是你学过德文，几乎都能听得懂，可是看不懂。这就是文字借用现象。

（二）同一语言，可以用不同的文字来记录

如越南、朝鲜、韩国原来使用汉字记录他们的语言，现在他们都改用了拼音文字；日语这一种语言，就同时使用平假名、片假名、汉字和罗马字四种书写系统；土耳其语原来使用阿拉伯文字，现在改用了罗马字母。

第二节　汉字与汉语的关系

一、汉字的历史与现状

（一）汉字的历史

1．汉字起源

（1）文字的四大发源地

黄河流域——汉字；尼罗河流域——埃及象形文字；两河流域（幼发拉底河、底格里斯河）——楔形文字；尤卡坦半岛——玛雅文字。

这四个地区都是人类文明的发源地，都曾有着发达的生产力和繁荣的经济。

（2）汉字的创造者

谁最早创造了汉字？历史上有很多传说，其中"仓颉造字说"最为流行。《淮南子·本经训》："昔者仓颉作书，而天雨粟，鬼夜哭。"

2．汉字形体的演变

现代汉字形体的演变，经历了几个阶段。汉字在历史上出现过甲骨文、金文、篆书、隶书、楷书五种正式字体，还有草书、行书等辅助字体。

（1）甲骨文

甲骨文指的是殷商时代刻写在龟甲和兽骨上的汉字，距今有三千多年的历史，又称为"殷墟文字""卜辞""殷契"。甲骨文于19世纪末在殷商都城遗址——今河南安阳小屯被发现，是目前为止所发现的最早的汉字样品。总共十余万片有字甲骨中，含有五千多个不同的文字图形，其中已经识别的有两千多字。甲骨文中形声字约占27%，可见甲骨文已是相当成熟的文字系统。

（2）金文

金文主要指考古发掘出的商周时期刻铸在青铜器上的文字，又被称为"钟鼎文"。金文的主要特点是：笔画丰满粗肥，外形比甲骨文方正、匀称，异体字也较多。

（3）篆书

篆书有大篆和小篆之分。大篆又称为"籀文"，是通行于春秋战国时代（前770—前221）秦国的一种书体。广义的大篆也包括六国文字在内。大篆的代表字样为公元前770年（秦襄公八年）刻在石鼓上面的"石鼓文"。大篆的主要特点是：字形比金文整齐，笔画均匀，仍有少量异体字。

小篆一般指的是秦始皇（前259—前210）统一六国后，本着"书同文"的思想强制推行的一种规范字体，和大篆并称"秦篆"，以"泰山刻石"为代表字样。

中国第一部字典《说文解字》就是以小篆为规范正字进行字形解析的。

小篆以毛笔为书写工具，具有婉转流畅的书体风格。其主要特点是：字形更匀称、整齐，笔画圆转、简化，基本废除了异体字。

（4）隶书

① 隶变。隶变是汉字由篆书演变为隶书的过程。字形变圆形为方形，线条变弧线为直线，笔画变繁杂为简省。隶变是古今汉字的分水岭，是汉字发展史上最重要的变革之一，它使汉字慢慢成为由点画组成的方块字。隶变的主要特点是抽象符号化，篆书最后一点象形的痕迹被逐渐磨去了。隶变把象形文字需要的圆弧线条变成很规律的点画，字形由圆形变成了扁方。

② 秦隶和汉隶。隶书又分为秦隶和汉隶。秦隶是产生于秦代（前221—前206）的隶书。其主要特点是：把小篆圆转弧形的笔画变成方折平直的笔画，基本摆脱了古文字象形的特点。

汉隶是在秦隶的基础上演变来的，是汉代（前206—220）通行的字体。其主要特点是：字形规整，撇、捺、长横有波折，很少再有篆书的痕迹。

（5）楷书

楷书是由隶书经过长期发展演变而成的。因其形体方正可作楷模而名为"楷书"。它产生于汉末，盛行于魏晋，是汉魏时期在隶书基础上产生的一种规范书体，一直沿用至今。楷书又称为"真书""正书""正楷"。因为采用毛笔为书写工具，所以，在"横平竖直"

的基础上，改变了隶书的笔画波折，形成了独特的书体。楷书的主要特点是：笔形平直，没有波折；笔势伸展、大方；字形变扁方为方正，大小均匀工整。

楷书确立了汉字形体规范，两千年来几乎没有什么改变。

（二）汉字的现状

1. 现行汉字的形体

（1）楷书和行书

行书是楷书的辅助性字体，在日常书写中一般都采用行书。行书在楷书的基础上产生，是介于楷书和草书之间的一种字体。它是为了弥补楷书的书写速度太慢和草书的难以辨认而产生的。"行"是"行走"的意思，因此它不像草书那样潦草，也不像楷书那样端正。实质上它是楷书的草化或草书的楷化。楷法多于草法的叫"行楷"，草法多于楷法的叫"行草"。

（2）印刷体和手写体

① 印刷体。

A. 印刷体的变体。

宋体：笔画横细竖粗，结构方正严谨，是最通用的印刷体，又叫老宋体、古宋体、灯笼体。

仿宋体：笔画不分粗细，结构方正秀丽，讲究顿笔，又叫真宋体。

楷体：近于手写楷书。

黑体：笔画等粗，浓黑醒目，一般表示着重时用，常用来排标题，又叫黑头字、方头字、方体字。

B. 印刷体的字号。

印刷体按字体大小的不同，分成不同的字号。常用的字号从大到小有初号、小初号、一号、二号、三号、四号、小四号、五号、小五号、六号、七号等。

② 手写体。

现行汉字的手写体，指的是用手执笔直接写成的汉字。

手写体根据所用书写工具的不同，可以分为软笔字和硬笔字两类。前者指的是传统的毛笔字，后者指的是用钢笔、铅笔、圆珠笔等书写工具书写的汉字。

2. 汉字的数量

汉字数量多，这是公认的事实。但是汉字究竟有多少？根据黄伯荣、廖序东《现代汉语（上）》的统计并参考其他有关资料，我们可以对历代编写的字书所收汉字的数目有一个大致了解。

东汉（25—220）许慎《说文解字》收字 9 353 个（小篆）；

南朝梁（502—557）顾野王《玉篇》收字 22 726 个；

北宋（960—1127）陈彭年等《广韵》收字 26 194 个；

明朝（1368—1644）梅膺祚《字汇》收字 33 179 个；

清朝（1644—1911）张玉书等《康熙字典》收字 47 035 个；

1915 年陆费逵等《中华大字典》收字 48 000 多个；

1990 年徐中舒等《汉语大字典》收字 54 678 个；

中国社会科学院语言研究所编，商务印书馆出版的《新华字典》（1957 年第一版，2004 年第十版）收字 10 000 多个；中国社会科学院语言研究所词典编辑室编，商务印书馆出版的《现代汉语词典》（1960 年试印，1965 年试用，1978 年第一版，2016 年第七版）收字 11000 多个。另外，中国还有几本传统的启蒙课本：

《千字文》，据传由南朝梁周兴嗣编，收常用字 1 000 个；

《百家姓》，作者不详，据传成书于北宋初年，收姓氏用字 500 多个；

《三字经》，据传由王应麟编，成书于元朝（1271—1368）初年，收常用字 1 248 个；

《文字蒙求》，清朝王筠（1784—1854）编，收常用字 2 044 个；

1988 年，国家语言文字工作委员会和原国家教育委员会（今教育部）发布《现代汉语常用字表》，其中常用字 2 500 个，次常用字 1 000 个。

二、汉字的性质

下面从汉字和汉语的关系角度说明汉字的性质。

从汉字的起源来看，汉字可以被称为表意文字。这也是汉字的本质特征。就现有资料，汉字的起源是甲骨文，甲骨文都是象形符号，象形符号基本上都是一个符号一个图形，一个图形表示一个意思。

从汉字记录汉语的情况来看，汉字可以被称为语素文字，这是汉字本身发展的一个结果，由一字记录一词到一字记录一个语素，如"人"（一个语素，一个词）、"民"（一个语素，非词）、"人民"（合成词，两个语素）、"共和国"（合成词，三个语素）。当然，有少部分例外，比如几个汉字记录一个语素，主要分两类：一类是汉语固有的联绵词，如"参差""仿佛"（双声联绵词，两个音节声母相同），"徘徊""窈窕"（叠韵联绵词，两个音节韵母相同）；另一类是一些音译外来词，如"沙发"（两个汉字记录一个语素），"巧克力"（三个汉字记录一个语素），"奥林匹克"（四个汉字记录一个语素），"布尔什维克"（五个汉字记录一个语素），"英特纳雄耐尔"（六个汉字记录一个语素）……这些词看似数量不少，但是在整个汉语词汇系统中，所占比例并不大。

从汉字的现状来看，汉字可以被称为意音文字。现代汉字中，形声字约占 90%（苏培成，2001）。形声字中，形旁表意，声旁表音。

三、汉字与汉语的关系

（一）汉字与汉语的特点相适应

① 汉语语素以单音节为主要形式，一个语素用一个音节表示，虽然一个音节不是固定地表示某个语素，还有许多同音语素，但语素的单音节形式却是客观存在的事实。汉字也是记录音节的，一个字独立地表示一个音节，也正好记录一个语素，与汉语语素的特点相适应。例如，汉字记录的语素"天、吃、好、民（主）、（儿）子"，都是一个汉字记录一个语素，也就是一个音节。

② 由于汉字与语素基本上对应，而不固定地与某个音节挂钩，所以正好适应了汉语方言分歧的特点，使得汉字具有了超方言的特性，用文字记录的东西，不同方言区的人都能看懂。例如，"国家、皇帝、官府"这些词，虽然各方言区发音不同，但是它们所表达的意义在各方言区里是一样的。

③ 汉语音节数量远比语素的数量少，用不同形体的汉字记录可以有效地区分同音词。汉语普通话的 21 个声母和 35 个韵母一共可以组合成 1 000 多个带声调的音节，用这有限的音节去记录成千上万个语素显然有局限性。而用《现代汉语通用字表》（国家语委、新闻出版署，1988 年）中规定的 7 000 个通用字来记录的话，就可以很自然地将同音词区别开来，如"形势—形式—刑事"。

（二）汉字与汉语关系的特别之处

① 尽管每一个汉字都有一个明确的读音，但从字形上一般不能判定一个字的具体读音，有些字可以通过声旁确定音类或大致的读音，如"怔、征、症、整、证、政、惩"。一个字中可以确定大致读音的部分通常被称为声旁，如"正"就是上述这些字的声旁。

② 汉字往往可以通过字形确定义类，如"桃、梨、梅、杨、柳"因为字形中都有一个"木"而可以断定这些字和树木有关。字形中可以确定义类的部分被称为形旁。但是，由于汉字形体的演变，有些形旁的表意功能已经不明显了。例如，"颁""颗"都从"页"，与现在的意义没有关系。但在古代，"页"的意思是"头"，"颁"是"大头"，"颗"是"小头"，如果不研究古义，是很难理解这些形旁与所构成汉字的关系的。

③ 拼音文字是按照字母的拼写阅读，用字母拼写起来的字的读音原则上要和语素或词的实际读音一致，拼音文字原则上要求一个字母一个读音，所以由字母拼写成的字的读音和语言中语素或词的实际读音距离比较近，如果实际语言中的语音变了，拼音字母和拼写规则也要跟着变。汉字在这方面有所不同，汉字的字形和汉语的读音不是直接联系的，所以尽管读音变化了，字形可以不变。例如，形声字"江"中的"工"，古代和现代发音不同，但是字形没有发生变化。

第三节　汉字的构造

一、《说文解字》与"六书说"

（一）许慎与《说文解字》

许慎（约58—约147）是东汉（25—220）著名的经学家、文字学家，他于公元100年（东汉和帝永元十二年）著《说文解字》（以下简称《说文》）。《说文》是中国语言学史上第一部分析字形、说解字义、辨识声读的字典，也是中国第一部按部首编排的字典。原作现已失落，传至今日的大多是宋朝版本，或者是清朝的段玉裁注释本。原文以小篆书写，逐字解释字体来源。全书共分540个部首，收字9 353个，另有"重文"即异体字1 163个，共10 516字。

（二）"六书"说

"六书"是中国文字学史上的名词。汉代学者把汉字的构成和使用方式归纳成六种类型，总称"六书"。过去的文字学家在讲汉字构造时，一般都遵循"六书"的说法，研究汉字学不能不了解"六书"。

早在"六书"理论出现以前，分析汉字的结构在春秋时代就已经开始了。许慎在《说文解字》中对"六书"进行了系统的阐述和总结。许慎第一次为"六书"下了定义，从此这些定义便成为人们学习和认识"六书"的主要依据。

"六书"的具体名称是：象形、指事、会意、形声、假借和转注。

"六书"又分为"四体二用"。"四体"包括象形、指事、会意和形声，是四种不同的造字方法；"二用"包括假借和转注，只是汉字的两种不同的使用方法，而不是造字方法。

1. 象形

象形字是描写客观事物形象的字，按照具体事物的形状，画成和它相似的图形来表达语意。这种造字方法叫作象形法。

例如：人体类——人、手、足、耳、心；自然类——日、月、山、川、雨、泉；动物类——羊、牛、马、鱼、鸟、虎；植物类——禾、粟、黍；器物类——舟、车、戈、弓。

2. 指事

指事是用象征性符号或在象形字上加提示符号来表示意义的造字法，用指事法造出的字是指事字。

指事字分两种：一种是由纯象征性符号构成的，如"一、二、三、四、上、下"等，这类指事字很少；另一种是在象形字的基础上增加提示性符号构成的，例如：

甘——在口内加一点，表示口中含有甘美的食物；

亦——从大，用两个点指出腋下位置；

母——用两个点指示乳房，表示成年女性为人母者。

3．会意

会意是组合两个或两个以上的表意符号以表示新义的造字法，简单地说就是用两个或两个以上的独体字根据意义之间的关系合成一个字，如"武、休、明、涉、安、宝"。会意字一般是由两个或两个以上的表意符号组成的复合字形。这是它在结构上与象形字、指事字的区别。

"会意"在形体上为合体字；字义为合二字（或三、四字）的意义而成。例如，"武"字，上"戈"下"止"，表示人拿着武器在走，本义为征伐或显示武力。许慎解释为"止戈为武"，已经是引申义（古人对战争认识的最高境界是"化干戈为玉帛"）。

4．形声

（1）形声字

形声由表示意义类属的形旁和表示读音的声旁组成，用这种造字法造的字叫形声字。形声字基本上由两个部分组成，其中一个作为代表意义的符号，称为形旁（或称形符），一个作为代表声音的符号，称为声旁。

从结构上看，形旁和声旁的组合部位主要有下面六种方式。

① 左形右声：河、晴、财、购、优、征。

② 右形左声：都、切、致、胡、战、剃。

③ 上形下声：空、芳、宇、爸、翠、箱。

④ 下形上声：勇、盛、基、袋、盒、照。

⑤ 外形内声：阁、固、匣、囤、赴、廷。

⑥ 内形外声：闻、问、辩、辨。

（2）形旁和声旁的局限性

① 形旁的局限性。

A. 由于社会的发展和客观事物的变化，有些形旁的意义现在已经不太好理解。例如，"简、篇"从"竹"，"简"的本义是"竹简"，用竹子制成的一片片竹板，是古代的书写材料；"篇"的本义为"文章"，古代把文章内容写在竹简上，然后一片片连在一起就是"篇"，后来文章有首有尾就称为"一篇"。

B. 字义的演变，假借的存在，也导致形旁不好理解。例如，"颁、颗"从"页"，"页"的本义是"头"。"颁"的本义是"大头"，引申义为"斑白"，假借义为"颁发"；"颗"

9

的本义是"小头"，引申义为"小的颗粒状物"。

C. 由于字形的变化，有的形旁现在已经不好辨认，或位置变得很特殊。辨，从刀，𩇨（biàn）声；恭，从心，"共"声。其中的"刀"和"心"现在都已经变了形。

② 声旁的局限性。

A. 由于古今语音的演变等原因，大约有四分之三的形声字，声旁和整个字的读音不完全相同。例如以"寿"为声旁的字：筹—畴—踌—帱—涛—焘。

B. 有的声旁不容易分辨出来。例如"在"，从土，才声。

C. 有些声旁现在不单用，一般人已经不知道它们的读音了。例如，"宅、温、滴、谬"。宅，从宀（mián），乇（zhé）声；温，从水，昷（wēn）声；滴，从水，啇（dí）声；谬，从言，翏（miù）声。

5．假借

假借简单说就是同音替代。口语里的词语，没有相应的文字对应，于是就找一个和它发音相同的字来表示其含义。例如"自"本来是"鼻"的象形字，后来借作"自己"的"自"。

6．转注

《说文解字》作者许慎为"转注"所下的定义为："转注者，建类一首，同意相受。考、老是也。"其含意不够明确，加上许慎在《说文解字》中所分析的全部小篆的形体结构中，除了"考、老"这两个例字以外，没有另外的一个字明确指出属于转注，因此转注是怎么回事，后人的理解众说纷纭，莫衷一是。转注就其性质而言，属于学术史研究范围，而相关的论述过于专业，我们这里不做详细介绍。

二、汉字的结构

汉字的结构分为笔画、部件、整字三个层次，在进行汉字教学时，我们可以从笔画、部件等方面进行教学。

（一）笔画系统

1．笔画的定义

在书写汉字的时候，从落笔到提笔，叫作"一笔"或"一画"，一笔写出来的形状，就是笔画。

笔画是构成汉字字形的基本成分，除了"一、乙"等少数几个字以外，汉字是由多笔画构成的。

汉字的笔画是历史形成的，古文字没有笔画的概念。篆书笔形圆转、浑然一体，很难分出落笔和起笔的位置。从隶书开始逐渐形成了平直的笔画，但有些字或偏旁究竟写成几笔，并没有定规，例如"口"。直到楷书逐渐形成了著名的"永字八法"，才确定了汉字的笔画系统。

2．笔画的分类

1988年国家语言文字工作委员会和新闻出版署公布《现代汉语通用字表》，规定了五种基本笔画：横（一）、竖（丨）、撇（丿）、点（丶）、折（乚、𠃌）。其中单一笔画有四种：横（一）、竖（丨）、撇（丿）、点（丶）；复合笔画有一种：折（乚、𠃌）。横包括横（一）和提（ノ）；点包括点（丶）和捺（乀）；折笔按照所包含的笔形又可以分为横、竖、撇、点、折、提、弯、勾等八类25种。

3．笔顺

书写时的笔画先后叫笔顺。基本笔顺有先横后竖、先撇后捺、从左到右、从上到下、从中到旁等几种。

先横后竖：十、丰、平、干、车。

先撇后捺：八、人、尺、木、火。

从左到右：洲、做、树、他、湖。

从上到下：三、言、豆、意、多。

从中到旁：小、办、水、永、亦。

先横后撇：厂、石、左、万、在。

从外到内：月、风、间、用、同。

从里到边：建、连、凶、幽、断。

从外到内后封口：困、因、日、田、回、团、国、耳、且。

特殊写法：也、必、凹、凸。

4．笔画的连接方式

笔画和笔画之间有以下三种连接方式。

相离：二、三、川、小。

相交：十、九、丈。

相接：人、刀、上、久、厂、几、口、己。

（二）部件系统

1．部件、偏旁和部首

（1）部件

汉字从结构上分析，可以分为独体字和合体字。独体字是一个整体，如"人、手、口、刀、牛、羊、木、水、山",不能再进行拆分,它们是汉字的基本字。合体字由两个或者两个以上的部分组成,如"相、怀、记、名、森、树"。组成合体字的结构单位叫作部件(木、目、不、己、夕、口、又、寸)。部件是由笔画组成的具有组配汉字功能的构字单位,一般大于笔画小于整字。有的部件就是一个独体字,有的不能单独成字。要学好汉字,必须掌握常用部件和它们的名称。

（2）偏旁

偏旁是传统汉字学分析合体字时使用的一个概念。汉字有独体字和合体字之分。过去称合体字的左部为"偏",右部为"旁"。现在习惯上把合体字的左、右、上、下、内、外各个部位的构成成分都称为偏旁。偏旁不是合体字的最小笔画单位。

（3）部首

部首是汉字检索即查字典时使用的一个概念。它在汉语字典辞书中属于同一形体偏旁的部目。凡是含有同一形体偏旁的字都隶属其下,成为一部,并把这个共同含有的同一形体偏旁放在开头,作为一部之首,叫作部首。我国历史上第一部字典《说文解字》首创了部首的概念,用来编排汉字的顺序。部首只是汉字检索方面使用的一个概念,不是用来分析汉字构成成分的概念。

（4）部件、偏旁和部首的区别

① 偏旁、部首的区别。

A. 偏旁是从造字构形的角度定义的。习惯上有"左偏右旁"的说法,这是采用"两分法"对汉字进行结构分析得出的认识。由于汉字结构复杂,许多汉字并不是左右结构的。所以,不再区分左右,一律称之为"偏旁"。

B. 部首是从应用功能的角度定义的。许慎编写《说文解字》时,根据汉字的形义关系排列汉字。他把含有相同表意成分的字排列在一起,并把这种排字方法叫作"分别部居"。每"部"第一个字就是"部首"。可见,部首也是偏旁,是用来作为排列和检索汉字依据的特殊"偏旁"。

② 部件与偏旁的关系。

A. 二者的联系。

汉字的所有偏旁都可看成部件,有些偏旁是基础部件,例如"社"中的"礻、土",有些偏旁是复合部件,如"落"中的"洛","婶"中的"审"。

B. 二者的区别。

a. 功能不同。偏旁表示整字的意义或读音,部件不一定和整字读音、意义有关系。例如在"蔓"字中,"艹、曼"是偏旁又是部件,"日、四、又"只是部件不是偏旁。

b. 拆分原则不同。偏旁拆分时,一定要依照汉字的构造理据进行有理拆分,如将"落"拆分成"艹、洛"两个偏旁就是根据该字上面表意、下面表音的理据;部件拆分时,不一定要依照汉字的构造理据,可以完全按照现代汉字的形体进行无理据拆分,如将"落"拆分成四个部件。所谓有理据拆分,就是拆分出的部件和字音或者字义有联系。

2．部件的分类

（1）根据是否具有可切分性进行的分类

根据部件是否具有可切分性，我们可以将部件分为基础部件和复合部件。部件的切分实际上是对字的组合过程的逆向操作：组合过程是由小到大、由下位到上位进行的；而切分过程则是由大到小、由上位到下位进行的。

①基础部件。

不能再切分的部件叫基础部件。基础部件是汉字最小的构形单位。虽然基础部件是由笔画组成的，但孤立的、分散的笔画，是不具备部件所必需的功能的，因为这些笔画既不涉及整字的意义，也无关乎整字的读音。只有当笔画组成部件后，才能充当整字的义符或声符，或者充当复合部件的表意部件或示音部件。

②复合部件。

可以再切分的部件叫复合部件。如"贺"中的"加"，"落"中的"洛"，"华"中的"化"等。

（2）根据是否可独立成字进行的分类

整字切分为部件之后，根据部件是否具有独立成字的能力，可将部件划分为成字部件和非成字部件。

①成字部件。

可以独立成字的部件叫作成字部件。例如："另、吉、唱、向"里的"口"，"村、杏、呆、困"里的"木"。成字部件有读音和意义，成字部件的读音也就是它的名称。如"土"读"tu"，称为"土字旁"，"人"读"ren"，称作"人字旁"。

②非成字部件。

不能独立成字的部件叫作非成字部件。例如："筒、刚、网、铜"里的"冂"，"疾、病、疼、嫉"里的"疒"。非成字部件没有读音和意义，为了便于称说，可以给非成字部件起个名称。在切分出来的汉字部件中，一些不成字部件都有习惯的名称。

非成字部件不能独自构成整字，必须依附于其他部件来体现构字意义。这种部件本身不能独立使用，无法与语言中的词相对应。

3．合体字的组合模式

将含有多层次部件的汉字整字从大到小拆分，得到的部件依次叫作一级部件、二级部件、三级部件等。最小的不再拆分的部件叫作基础部件，也叫末级部件。按第一级部件的组合模式，合体字的结构主要分为以下几类。

（1）并列结构

左右并列结构：往、性、样、语、到、河、磕、鹂。

左中右并列结构：辙、街、班、衍、浙、淋、挪。

（2）上下结构

上下结构：台、分、是、昆、要、花、竟、患。

上中下结构：高、高、菩、裹、簟、莽、煎。

（3）包围结构

全包围结构：回、园、囟、困、国、圆。

上三包围结构：问、向、同、用、风。

左三包围结构：匡、匣、医、匿、匪、匚、臣。

下三包围结构：凶、画、击、函、幽、凼。

上左包围结构：厄、压、病、考、居、庆、尼。

上右包围结构：句、勻、可、习、氧、司。

下左包围结构：这、近、建、旭、毯、起、翘、勉。

下右包围结构：头、斗。

（4）品字结构

品字结构：森、炎、淼、晶、蠢。

（5）特殊结构

特殊结构：坐、承、乖、噩、巫、爽。

（三）笔画、偏旁和部件在汉字中的位置

同样的笔画、偏旁可以组成不同的字，它们的区别就在于部件相对位置的不同。如"土、士、干"这三个字中，"土"的两横是上短下长，"士"是下短上长，而"干"则是笔画"竖"向下出头；又如"王、丰"，"王"笔画"竖"上下都不出头，而"丰"则上下都出头；再如"主、玉"，"主"笔画"点"在上部，而"玉"的"点"则在右下部。

部分合体字里也有类似的情况，部件的位置不同构成了不同的合体字。如"呆、杏"，部件"口"在上"木"在下是"呆"，反过来则是"杏"；又如"另、加"，部件"口"在上"力"在下是"另"，"口"在右"力"在左则成了"加"。

像这种由同样的笔画、偏旁通过变换不同的位置从而构成不同汉字的情况不是很多；而在多数情况下，部件的位置还是比较固定的，一个汉字如果笔画、偏旁的部位乱了，就构不成字了。因此，我们在初级汉字教学中，应该给学生介绍这些部件在汉字中的基本位置，并设计相关的练习，帮助学生熟悉并掌握它们。

（四）整字

整字就是一个个方块汉字，它是汉字的使用单位。现代汉字分为独体字与合体字两类。由一个末级部件构成的字是独体字，直接由笔画组成；由两个或两个以上末级部件构成的字是合体字，合体字多数是由几个独体字或几个独体字的变体拼合而成。

独体字：一、人、及、册、事、大、日、木、月。

合体字：倍、街、衷、国、麟、河、宫、明、相。

第四节　汉字的简化与整理

新中国成立之前的漫长年月里，汉字已经进行过一些简化工作。我们现在重点介绍新中国的汉字简化、规范化情况。

一、汉字的简化

（一）汉字的繁简体

所谓繁体字，是与简体字相对而言的。一个汉字如果有两个以上的形体，笔画多的就叫繁体字，笔画少的叫简体字。早期的汉字是由图画发展起来的，描绘事物形象的精细和粗略就产生了繁体与简体的区别。在甲骨文中，一些字就同时存在繁体和简体。

由于汉字隶变之后仍有不少字结构复杂，笔画繁多。南北朝以来，在常用的楷体汉字中，有一部分出现了较简便的字形，笔画比正字少，一般被叫作简体字。

简化字，是由笔画繁多的字改写成的笔画简单的字，是繁体字经过整理简化之后的书写形式。

我们现在提到的简化字，指的是1986年10月经国务院批准重新发表原国家语言文字工作委员会于1964年编印的《简化字总表》所公布的全部简化字。

（二）汉字简化的方法

1949年以后，为了教育普及的需要，中国政府统一对汉字进行了较大规模的简化工作，先后有2 000多个繁体字被简化字取代。汉字简化的主要方法有以下几种。

1．保留轮廓，减省笔画

保留轮廓，减省笔画，即省去原字中繁难的部分，只留下轮廓部分。例如：蓋—盖、傘—伞、樹—树、齊—齐、齒—齿、龜—龟。

2．以点代面，减省部件

以点带面，减省部件，即选取其中的一个部件来代替原字，省去其他部件。这也可称作"以部分代全体"。例如：聲—声、開—开、醫—医、氣—气、遲—迟。

3．声符义符，以简换繁

声符义符，以简换繁，即用构形简单的声符或义符替换原来的构形繁复的声符或义符。

替换义符的，如：顧—顾、驗—验、骯—肮、貓—猫、跡—迹。

替换声符的，如：纖—纤、劇—剧、擁—拥、億—亿、燈—灯、種—种。

4．草书楷化

草书楷化，即将已经社会化的草书字的笔形楷化，作为规范字。例如：書—书、貝—贝、車—车、專—专、東—东、會—会。

5．偏旁改造，符号替换

偏旁改造，符号替换，即用一个笔画简单的符号来替代一个或几个笔画繁难的偏旁。这个符号只起替代作用，没有表意或示音功能。例如：僅—仅、漢—汉、勸—劝、區—区、學—学、興—兴。

6．全面改造，另造新字

有些字不便简化，也不便以同音字替代，就另造新字。这些新造的字有两种情况。

（1）新造字为会意字和形声字

例如：塵—尘、寶—宝、體—体、竈—灶、眾—众（会意字）；驚—惊、態—态、郵—邮、審—审、竄—窜（形声字）。

（2）新造字为纯粹的符号

例如：義—义、頭—头、萬—万、幣—币、辦—办、棗—枣。

7．弃今用古

弃今用古，即抛弃现用字形，采用古字来取代今字。如：雲—云、纔—才、從—从、電—电、鬚—须。

8．同音借用

同音借用，即借用结构简单的音同或音近的字，来替代结构繁复的字。采用同音替代简化法的前提是：借用字与被借用的字，其中有一个字必须是罕用的生僻字，借用以后不至于发生意义的混淆。这种方法如果选字得当，既简化了笔画，又精简了字数。例如：醜—丑、韆—千、齣—出、裏—里、臺—台。

9．举一反三，偏旁类推

举一反三，偏旁类推，即用简化偏旁或可做偏旁的简化字，来替代合体字中的同形部件，以类推出一批简化字。类推简化是汉字简化最重要的方法，简化率极高。这是因为，汉字的构形系统以形声字为主体，具备了成批类推简化的条件。绝大多数简化汉字都是类推简化出来的。

二、汉字的整理

汉字整理的目的是实现汉字的规范化、标准化。新中国汉字规范化的内容主要有四个方面：汉字的定量、定形、定音、定序，简称"四定"。

（一）定量

汉字的定量是指规定现代汉语用字的数量，以便汉字的学习和运用，便于汉字信息的处理。

汉字定量工作取得的成果主要是两个字表：《现代汉语常用字表》（1988年1月）和《现代汉语通用字表》（1988年3月）。

国家语言文字工作委员会（以下简称"国家语委"）1988年1月制定出《现代汉语常用字表》，共收汉字3 500个。常用字是社会普及教育和书面汉语应用中经常使用的汉字，是国民素质教育的基础。

《现代汉语通用字表》是1988年3月25日由国家语委和新闻出版署联合发布。它是在1965年1月发布的《印刷通用汉字字形表》的基础上增订而成的。通用字是为了满足现代汉语书面语的需要，解决3 500个常用字之外剩余的0.52%覆盖率的汉字需求问题。通用字是社会成员普遍通用的汉字，不包括专业性偏僻字和一般人少用的罕用字。通用字表共收汉字7 000个，其中除了3 500个常用字之外，根据实际需要，主要以《印刷通用汉字字形表》为基础，删除了其中不常用的50个字，增加了854个字。

（二）定形

汉字的定形是指规定现代汉语用字的标准字形。凡是通用汉字，一个字只能有一种确定的字形，不能有多种字形。汉字异体繁多，影响顺利交际，需要整理，特别是中文信息处理技术更需要确定统一的字形标准。

教育部和国家语委于2001年12月发布《第一批异形词整理表》，整理了异形词338组。

（三）定音

汉字的定音指规范现代汉语用字的标准读音。现代汉语中存在大量的多音字。例如，"差"字共有五个读音，在不同的词语中有不同的读音，如果不加以注意，很容易读错：chā：差别、偏差、误差、电势差、一念之差、阴差阳错、差强人意；chà：差不多、差不离、差不了、差远了、相差十万八千里；chāi：出差、公差、当差、官差等。

另外，存在很多人名、地名的异读，需要进一步审定。

1985年，国家语委、教育部和广播电影电视部发布了《普通话异读词审音表》，提供了异读字的正确读音，可以作为指导汉字定音的主要参照标准。

（四）定序

定序主要是确定汉字在辞书中的排列顺序。汉字排序法有如下几种。

1. 义序法

按照字义进行分类，排列顺序，如古代辞书《尔雅》《释名》等。《尔雅》按照系列分类排列：释诂、释言、释训、释亲、释宫、释器、释乐、释天、释地、释丘、释山、释水、释草、释木、释虫、释鱼、释鸟、释兽、释畜等。

按意义排序很难定出明确一致的标准，所以，除了特殊需要，一般不采用义序法。

2．形序法

形序法是按照字形特征进行分类来排列字序。中国最早的一部字典《说文解字》就是根据字形结构特点排列汉字的。汉字结构复杂，可以作为排序依据的字形信息也相对较多，因此，形序法又分为以下三种。

（1）笔画法

这种方法实际上是笔画笔形法，主要根据汉字笔画的多少排列汉字。笔画数相同的字，根据不同笔形的顺序排列。

汉字的基本笔画有五种。五种基本笔画如何排列次序也有不同。

① "札"字法：取"札"字的笔顺做排序依据，即：横、竖、撇、点、竖弯钩。这是现在最常用的排序方法。

② "丙"字法：取"丙"字的笔顺做排序依据，即：横、竖、横折钩、撇、点。

③ "江天日月红"法：取每个字的首笔形做排序依据，即：点、横、竖、撇、撇折。

（2）部首法

部首法是按照汉字的部首排列汉字顺序的。部首和部首内的汉字按照笔画多少和笔顺排列。

汉字部首起源于东汉末年许慎编撰的《说文解字》，该书首创 540 个部首。《正字通》和《康熙字典》合并为 214 个部首。

现代通行的字词典工具书，所采用的部首数量不尽相同。2009 年 2 月由教育部、国家语委发布《汉字部首表》，规定主部首 201 个，附形部首 99 个。

（3）号码法

号码法主要是四角号码法。由于汉字笔形有很多变体，取码比较复杂，现在已经很少使用。

3．音序法

音序法是按照汉字的读音排列汉字的顺序。历代的韵书都是按照"音序法"排列汉字的。现代汉语早期曾经采用"注音字母"记录顺序排列汉字的方法，1958 年《汉语拼音方案》公布实施以后，基本上都以《汉语拼音方案》拼写的汉字读音形式作为排序依据，根据汉语拼音字母表的顺序排列字的音序。

三、常用汉语字典、字表及检字法

（一）常用汉语字典、字表

1．《新华字典》

《新华字典》初版于1953年，是新中国成立后出版的第一部以白话释义、用白话举例的字典，也是迄今最有影响、最权威的一部小型汉语字典，堪称小型汉语语文辞书的典范。人民教育出版社1953年10月初版，2011年6月商务印书馆第11版，收字11 000多个。

2．常用字表

（1）《第一批异体字整理表》

1955年10月，在北京召开的全国文字改革会议一致通过了《第一批异体字整理草案》，并建议由新闻出版部门立即实施。同年12月，文化部和文改会联合发布了《第一批异体字整理表》（以下简称《一异表》），要求从1956年2月起在全国实施。该表收异体字810组，根据从简从俗的原则，从中选出810个字作为正体，淘汰了1 055个异体字。由于该表颁布后又曾做过调整，在以后颁行的《简化字总表》和《现代汉语通用字表》中，还恢复了不少异体字，因此，凡是与《简化字总表》和《现代汉语通用字表》不一致的地方，应以后两者为准。

（2）《简化字总表》

汉字的简化整理工作从1956年开始，到1964年3月，制定出了《简化字总表》（以下简称《总表》）。1986年10月经国务院批准重新发表原中国文字工作委员会于1964年编印的《简化字总表》。重新发表的《简化字总表》对原《简化字总表》中的个别字做了调整。

《简化字总表》分为三个表。表内所有简化字和简化偏旁后面，都在括号内列入原来的繁体。第一个表所收的是350个不做偏旁用的简化字。这些字的繁体一般都不用作别的字的偏旁。个别能做别的字的偏旁，也不依简化字简化。第二个表所收的是132个可做偏旁用的简化字和14个简化偏旁。第三个表所收的是运用第二个表的简化字和简化偏旁作为偏旁得出来的简化字。

（3）《现代汉语常用字表》

《现代汉语常用字表》于1988年1月由国家语言文字工作委员会、国家教育委员会发布。该表分常用字（2 500字）和次常用字（1 000字）两个部分。经计算机抽样检测，常用字在语料中的覆盖率达到99.48%，掌握了常用字就达到了使用汉语的基本要求。

（4）《现代汉语通用字表》

《现代汉语通用字表》是在1965年1月发布的《印刷通用汉字字形表》的基础上增

订而成的。《印刷通用汉字字形表》收字 6 196 个，《现代汉语通用字表》收字 7 000 个。它们确立了同手写体接近的印刷体及其字形，规定了所收汉字的字形结构、笔画数目以及笔顺等，是我们使用新型印刷体和新字形的规范性字法标准，同时也是淘汰异体字、使用简体字的新的补充性标准。

2000 年语文出版社出版的《现代汉语通用字笔顺规范》确定了《现代汉语通用字表》中 7000 个汉字的规范笔顺。每个汉字的笔顺用三种形式表示：一是跟随式，一笔接一笔地写出整字；二是笔画式，用横、竖、撇、点、折五个基本笔画表示，其中，提归为横，竖钩归为竖，捺归为点，各种折笔笔画归为折；三是序号式，用横、竖、撇、点、折五个基本笔画的序号 1．2．3．4．5 表示。

（二）常用检字法

1．部首检字法

2009 年 2 月由教育部、国家语委发布《汉字部首表》和《字符集汉字部首归部规范》。其中，《汉字部首表》规定主部首 201 个，附形部首 99 个。新发布的《汉字部首表》对 1983 年《汉字统一部首表（草案）》做了三个方面的调整和补充：一是主部首和附形部首的确立；二是部首排序；三是部首表的使用规则。

《字符集汉字部首归部规范》给出了 20 902 个汉字的部首归部表。新的归部原则为：从汉字的左、上、外位置取部首；汉字的左、上不是部首的，右、下是部首，取右、下位置的部首；半包围结构字，外不是部首，内是部首，如"岛"字的部首是"山"而不是"鸟"。

部首检字法：部首的排列，一般是按笔画的多少，由少到多排列的。同一个部首下的字，一般也是按笔画的由少到多排列。要查一个字，先确定部首，再数清笔画（部首笔画除外），最后查检。这种检字法的优点是容易掌握，但是部首不容易确定，而且查检的速度比较慢。

2．笔画检字法

笔画检字法又称笔数法、笔画查字法，是中文类工具书常用的检字法之一。如《辞海》等书就使用了笔画检字法。

笔画检字法按汉字笔画多少为排列顺序。笔画数少的在前，笔画数多的在后；笔画数相同，再按起笔横、竖、撇、点、折为序排列。这种检字法的优点是容易掌握，但是，不熟悉汉字笔画、笔顺规则就容易出错，另外，查检的速度也不快。

笔画检字法单独作为一本工具书的检字法，比较少见，一般把它作为一个备选检字法附在其中，其他检字法无法检索出汉字时，用它来帮助检字。

3．汉语拼音检字法

按照汉字的汉语拼音使用的 26 个字母的顺序进行编排。这种检字法是目前最为常用的一种检字法。只要使用者懂得汉语拼音，掌握起来是非常容易的，查检速度也比较快。

这种检字法的缺点是如果不知道汉字的拼音，就无法查检，而且，汉语同音字太多，往往有几十个字读音相同，给检查也带来一定的麻烦。

第二章 对外汉字教学中的汉字性质观

对于学习汉语的外国学生来说，汉字的学习是一大难点。特别是对非汉字圈的学生来说，汉字是一种与其母语文字距离较远的文字，方块的汉字和线性的字母文字是完全不同的文字体系。汉字圈的学生（如韩国、日本等国家的学生）的母语中有汉字，但是这些韩文汉字、日文汉字与我国现行汉字在字形、字音、字义等方面有所不同，负迁移的影响也在所难免，常常表现在读、写、认、记等各个方面。无论是汉字圈还是非汉字圈学生，汉字学习中的错误和困难同样存在，所以汉字难学成为一个普遍问题。为此，汉语学习者应该先了解汉字的性质、汉字的特点、汉字区别于其他文字的根本属性，才能有助于对汉字的理解，进而有助于汉语的学习。

第一节 汉字的性质

中国传统的文字学家只局限在汉字的内部研究，没有将汉字和其他文字进行比较，所以也没有对汉字的性质进行研究。随着西学东渐以及西方文化的传入，学者开始对比东西方的文字体系，进行汉字性质的探讨，但是对于汉字这种方块文字的定性，学术界一直争论不休，没有定论，主流的观点有如下几种。

瑞士语言学家索绪尔最早对汉字的性质进行了论断，他认为确定文字的性质要看文字和它所记录的语言的关系，而不是看文字的内部构造。根据这个原理，他把世界文字分为表意文字和表音文字两大类，一个词用一个符号表示，而这个符号与词赖以构成的声音无关，这个符号和整个词发生关系，因此也就间接地和它所表达的观念发生关系。汉字就属于表意文字。

赵元任最早提出了汉字是词素文字："用文字来写语言，可以取语言里头不同尺寸的单位来写……在世界上通行的能写全部语言的文字当中，所用的单位最大的文字，不是写句子、写短语的，是拿文字一个单位，写一个词素，如我们单独写一个'毒'的字形，来写'毒'这个词素……以上是讲用一个文字单位写一个词素，中国文字是一个典型的最重要的例子……它跟世界多数其他文字的不同，不是标义标音的不同，乃是所标的语言单位的尺寸不同。"后来有学者提出，汉字不仅可以用来记录一个单音节的音义结合体语素，也可以记录没有意义的音节，因为有少数语素不止一个音节，比如联绵词"乒乓""嘀咕"，外来词"沙发""奥林匹克"等，要完整地记录这种多音节语素，就得用多个汉字，这时每个汉字所记录的只是一个音节而不是语素。所以概括来说，汉字既能记录音节又能记录语素，从而可以认为汉字是"语素音节文字"。

周有光在讨论文字演进规律问题时说："文字的发展经历了三个阶段。第一阶段是表形兼表意的形意文字，第二阶段是表意兼表音的意音文字，第三阶段是完全表音的拼音文字。从形意制度发展为意音制度，从意音制度发展为拼音制度，这就是文字发展的基本规律。"他认为汉字在三千多年的时期内一直是意音制度的文字。

吕叔湘认为，按照文字代表语言的方式来分，世界上的文字可以分为三类。一类是音素文字，一个字母代表一个音素，如英语、法语。第二类是音节文字，一个字母代表一个音节，就是辅音和元音的结合体，如日语的假名。音素文字和音节文字都是拼音文字，拼音文字的字母原则上是没有意义的。第三类是语素文字，它的单位是字，不是字母，字是有意义的，如汉字。汉字以外的文字都是形和音的结合，只有汉字是形、音、义的结合。

裘锡圭认为"一种文字的性质就是由这种文字所使用的符号的性质决定的"，所以他根据构成汉字的字符特点，对汉字的性质做了这样的表述："汉字在象形程度较高的早期阶段（大体上可以说是西周以前），基本上是使用意符和音符（严格说应该为借音符）的一种文字体系；后来随着字形和语音、字义等方面的变化，逐渐演变成为使用意符（主要是义符）、音符和记号的一种文字体系（隶书的形成可以看作这种演变完成的标志）。如果一定要为这两个阶段的汉字加上名称的话，前者可以称为意符音符文字，或者像有些文字学者那样把它简称为意音文字；后者可以称为意符音符记号文字。考虑到后一个阶段的汉字里的记号都由意符和音符变来，以及大部分字仍然由意符、音符构成等情况，也可以称这个阶段的汉字为后期意符、音符文字或后期意音文字。"

王宁从汉字构形的角度出发，认为"汉字是表意文字，早期的汉字是因义而构形的，也就是说，汉字依据它所记录的汉语语素的意义来构形，所以词义和据词而造的字形在汉字里是统一的。这一点，在小篆以前的古文字阶段表现得更为直接、明显"。

以上诸如"表意文字""语素文字""语素音节文字""意音文字"等说法，都是学术界对汉字性质的不同表述。学者从不同的角度、不同的层次出发对汉字性质做了不同的论述，其结论虽然措辞不同，但是有些内容并不完全矛盾，甚至可以相互补充，由此我们可以从多个角度出发来认识和分析汉字的性质。对于外国学生来说，他们直观上看到的汉字是形体上完全不同于英文、法文等线性文字的方块文字；这种方块文字内部的部件有上下、左右、内外包围等组合方式；从构造理据上汉字不同于英文、韩文等表音文字，属于表意文字；在记录语言的功能上，汉字不同于日文的音节文字，也不同于英文的音素文字，而是语素音节文字。

关于汉字的评价曾经是学术界的一个热点问题，世界文字发展的规律有过"三段论"

的说法，即"图画文字—表意文字—表音文字"，表意文字是初级阶段，表音文字是高级阶段，表意文字向表音文字演进是共同的规律，以此得出汉字是文字发展的初级阶段，西方拼音文字是文字发展的高级阶段，汉字发展的方向是拼音化。文字发展"三段论"还一度成为文字改革的理论基础，但拼音化改革的尝试最后以失败而告终。世界上所有的文字几乎都是从象形开始的，大部分文字后来选择了拼音方向，而只有汉字选择了不同的道路，并发展成高度成熟的文字，其根本原因是汉字是适合汉语的。汉字和汉语相适应是汉字富有生命力的根基所在。而且汉字在记录汉语的历史过程中，对汉语是具有积极影响的，"汉语尽管很早就出现了作为地方变体的方言，并且方言情况复杂，但始终保持着它的统一性，不会分化为几种语言。印欧语系的拉丁语……逐渐分化为法语、意大利语、西班牙语、葡萄牙语、罗马尼亚语等语种，形成罗曼语族。汉语与之比较，情况迥异。汉语有通用的、统一的书面语。汉字记录汉语，也为语言的加工、提炼提供了有利条件，对汉语的健康发展和规范，对汉民族共同语的形成，都有积极影响"。另外，汉字特有的字形特点也丰富了汉语的词汇，丰富了汉民族的语言文化生活。

第二节　"方块汉字"的认知

　　汉字也叫方块字，汉字的方形格局由来已久。在殷墟发现的甲骨文中，虽然有合文及文字大小不均等现象，但基本上是一字一格的。据考古发现，西周末年的宗妇鼎、宗妇盘等铭文，都是先画好了方格然后再铸，每行五格，每格一字，有了竖行和横行，方块字的格局就确定了。可见，至少在西周末年，汉字的方块形状已固定下来了。由于方格的存在，周代以后汉字的外形逐步往"方"的方向发展，特别是隶变之后，隶书的笔画取代了篆书的线条，方块的外形就成为汉字的审美要素了。汉字呈方块形状与传统的"天圆地方"的观念有关系，地在古人心目中是方形的，那么空间自然也是方形的，古人的思维模式也具有方形特征，受此影响，汉民族的很多文化现象都呈现出方形特点。汉字方方正正的写法，正是古人所追求的客观美——稳重、端庄、平衡对称，方块汉字符合汉民族独特的审美需求。

　　但是外国学生对汉字的认识跟中国人有很大的不同。中国人学习汉字从笔画入手，着眼于汉字结构，每个汉字都是有意义的符号。而外国学生初见汉字觉得众多方形的汉字就像一幅幅神奇的图画，汉字是无形的画框里一堆杂乱的线条。他们对汉字的认识都有一个由感性到理性的发展过程，从他们视角里我们可以体会到汉字的特别之处。我们就外国学生对汉字的认知过程进行过短期的跟踪调查，结果发现：很多学生刚接触汉字的时候，感觉汉字像画一样，线条很复杂，但却又不是曲线而是折线，认读和书写起来有很大的困难，写汉字的时候觉得自己好像在画画儿，只是在机械地复制。经过几周以后，他们感觉汉字不太难了，觉得自己是在写字而不是画画儿了，很多汉字能够记住，而且汉字还有自己的系统，有一定的规律，虽然这种规律自己并不能描述清楚。但是他们都明确表达了想要了解这种规律的愿望，而且认为如果了解了汉字的结构规律一定会有助于汉字的学习。

当汉字通过传教士的引介而进入西方人的视界，哲学家培根将汉字与拉丁字母做了对比以后认为，只有汉字才是"真字"，因为它既不表音，也不记录词，而是直接表记事物或概念；就记音、书写的目的而言，拼音文字优于汉字，而就储存、传递知识的作用来看，则是汉字胜过拼音文字。而且汉字具有跨方言甚至超语言的特殊功用，为拼音文字所不及。第一个在欧洲系统介绍汉字的是德国传教士基歇尔，在其著作《中国图说》（1667）中这样描述："中国人根据世界上的事物创造字……它们的数量到今天是如此之多，以致每个有学问的人至少要认识八万字……但在这些字中一万个字就已足够日常交谈用了。而且，中国字不像其他国家的情况那样按字母表排列，它们也不是用字母和音节来书写词语。特定的字的确显示一个特定的音节或发音，但每一个中国字都有它自己的声音与意思……中国字没有名词变格，也没有动词变位。……这种文字既用于全中国，也用于日本、朝鲜、交趾支那……虽然语言各不相同。"当然这些西方传教士对汉字的认识相对简单、片面，但是他们也注意到汉字的某些突出特点，比如汉字的象形特征、汉字的表意性、汉字的数量之多、汉字的超时空性等。

在现代，随着中西方的密切交流，西方人对汉字的认识也更加深入。德国汉学家柯彼德曾经就西方对汉字的误解和偏见进行了梳理，主要有如下几种观点：① 汉字模糊论，即汉字结构复杂且没有系统，所以学习中国的文字要积年累月死记硬背；② 汉字巨量论，中国文字系统有五万多个符号，学习中国的语言必须有令人敬佩的毅力和才能；③ 语文统一论，中国文字数量多、结构复杂，其语言也一样；④ 汉字表形论，把汉字解释为典型的"图画文字"或"表形文字"，以为汉字大体上是图画；⑤ 汉字表意论，一个汉字代表一个一定的观念或概念，可以"见字知意"；⑥ 汉字普遍论，也叫汉字优越论，认为汉字是人类最科学、最完美、直观性最强也因此最容易把握的文字。这些观点都没能够全面、科学、客观地分析汉字的特点，所以给海外的汉语学习者造成了很多误解，也使得很多人产生了望"字"生畏的情绪。

对于外国学生来说，汉字是表意文字，不像拼音文字那样有那么高的透明度，不能"见字知音"，外国学生学习汉字时既要辨认字形的结构，还要建立字形与字音、字义的联系；汉字由众多的笔画、部件组成，汉字的内部结构关系比较复杂，据邵敬敏统计，仅3部件字就有21种结构；汉字总体数量众多，识记负担重……凡此种种对外国学生来说都是挑战。但是我们也应该对汉字系统有一个科学的、正确的认知：① 虽然汉字数量众多，但是生活中我们常用的汉字却是有限的，而且高频字的数量也相对稳定。2005年、2006年、2007年覆盖率达到80%的字种数分别是581、591、595，达到90%的字种数分别是943、958、964，达到99%的字种数分别是2 314、2 377、2 394。《现代汉语常用字表》将常用字（包括次常用字）确定为3 500个，参照这个数据用于指导对外汉语教学用字的《汉语水平词汇与汉字等级大纲》（以下简称《大纲》）将外国学生的识字量确定为

2 905个，其中甲级字800个，乙级字804个，丙级字601个，丁级字700个。崔永华从《大纲》1033个甲级词汇中统计出801个字，分布在《大纲》中的甲级、乙级字中，也就是说外国学生在初级阶段掌握800个左右的常用汉字就足以完成日常的阅读和交际。② 汉字的主体是形声字，形声字兼具表音和表意的成分，了解并在学习中充分利用这一点能够降低汉字识别和记忆的难度。③ 汉字是"笔画—部件—整字"三级结构。笔画具有生成性，高频部件比重大，掌握了汉字的基本笔画、基本结构规则和一批常用汉字以后，学习和书写的难度就会大大降低。④ 汉字最能凸显中华文化的独特之处，这是汉字的魅力所在。因此，赵金铭、李泉都提出"汉字难学"是个伪命题。只有基于对汉字积极的、正面的认识，才能在实践中处理好汉字的教学问题。

第三章 对外汉字教学概述

第一节 对外汉字教学的重要性

一、语言学习的重要

我们知道,汉字是记录汉语的书写符号系统。语言符号包括音(发音)、义(意义)、用(应用),同时,还包括记录它的文字符号——形。全面掌握一门语言,对其文字书写系统的学习是不可缺少的。

二、过好"汉字关"是学好汉语的基础

现代汉语普通话语音系统中,由22个声母和39个韵母组合成1 000多个音节,而实际生活中的常用汉字为3 500个,通用汉字为7 000个。这说明平均每个音节要记录好几个汉字,因此汉语中存在着大量的同音字。如果不能识读汉字的话,首先在学习生词时会遇到很大的麻烦,会产生一个词有多个意思的误解。同时也无法阅读用汉字写成的课文和其他文章。实践证明,外国人学习汉语时,如果只学听说,不学汉字,到中高级阶段,在学习中遇到的阻碍就会越来越大。

第二节 对外汉字教学理念与教学模式简介

一、语文并进

所谓"语文并进",是指在实际教学中口语(听说)教学与识字(读写)教学同步进行,"语文一体""随文识字"(也叫"语文并进")是它的表现形式或者说是教学模式。在这一模式中,汉字的出现完全取决于教材内容(即所谓的"随文识字"),课文里

出现什么句子，就给出相应的汉字。汉字教学内容也只限于课文每课后边所提供的汉字笔顺表和对已出现的汉字的有限总结。其优点是在一定的语境（课文、句子和词）中学习汉字，有利于掌握汉字的意义和用法；每学一个新字总是形音义紧密结合，避免音义与形脱节。

该教学模式体现在两个方面，分别为"语文一体"和"语文并进"。

"语文一体"是指在对外汉语教材的编写上，汉语的"语言"材料用"文字"——汉字来书写（而不是用汉语拼音），如：

甲：您上哪儿？

乙：出去走走。

"语文并进"则是指在教学方式上，在教"语言"的同时进行"文字"教学，"语"和"文"同步进行。这种教学模式不区分"汉语"和"汉字"，认为"汉字"包含在"汉语"之中，因此，只提"汉语教学"而不提"汉字教学"。

"语文并进"的汉字教学模式虽然也能取得不错的效果，但是其不足也是显而易见的。对于非汉字文化圈的汉语学习者来说，汉字是一种全新的符号。他们看到一个汉字以后，先要认清汉字的形体，再想该汉字的读音，然后再想它的意义。因此，在学习初期既要学习听说又要学习汉字，很容易分散学生的注意力，影响教学效果。此外，学生在语音关都还没过的情况下，同时加上难度很大的汉字，也极易使学生产生畏难情绪，从而影响学习积极性等。例如，按照这种教学模式，学习者在初期最先接触的可能是笔画多或者结构复杂的汉字，比如"我""谢"等。从词汇教学的角度看，"我""谢谢"都是《汉语水平词汇大纲》里的甲级词，属于初级阶段的词汇。但是，从汉字书写的角度来看，"我"有7画，"谢"有12画，结构也都比较复杂。让初接触汉字的学生写这么复杂的字，难度很大，有悖于由易到难的学习规律。

二、先语后文

所谓"先语后文"，是指先进行口语（听说）教学，后进行汉字（读写）教学，把口语和汉字的教学分开。在教学模式上表现为"语文分开"和"语文分进"。

"语文分开"是指在教材编写上把"语言"和"文字"分开，编写专门教语言和专门教文字的教材。"语文分进"是指"语言教学"和"文字教学"分开进行，分别使用不同的教材、采取不同的教学方法教授各自的内容。

张朋朋就"语文分开""先语后文"进行过实验。实验证明，采用这种教学方法，确实使我们在"语"和"文"两个方面都可以取得更好的教学效果。

在口语教学方面，由于不受汉字的阻碍，学生不仅学起来容易，而且速度快，掌握的词汇量也比使用"语文一体"的教材要大得多。在汉字书写教学方面，由于按照汉字形体结构的系统性来进行，减轻了学生学写汉字的难度，增加了学习兴趣，这一教学方法受到了他们的欢迎。通过这样的教学，他们学到的不仅仅是写一些汉字，而且是一种分析和记忆汉字的能力，为今后的学习打下坚实的基础。识字教学由于采用集中识字的方法，虽然用的时间少，但学生的识字量大，从而达到了快速提高阅读能力的目的。

但是，这种教学方法也有其弊端。首先，它在海外非汉字文化圈国家是比较容易实行的，前提是学生的母语中都不使用汉字。在汉字文化圈的国家，比如日本、韩国、新加坡等地就不一定很有效。其次，在中国进行留学生汉语教学时，这种方式成本太高，不太实用。因为学生来自不同的国家，很难在分班时保证整个班都是非汉字文化圈国家的学生。还有，对于学习周期很短的学生来说，也很难保证达到预期的教学效果，特别是汉字方面。周期短的学生，比如来华学习四周、五周、六周等时间段的学生，口语方面固然进步很快，效果很好，但是由于汉字习得需要循序渐进，需要较长的周期才能达到预期效果，短时间内效果不会那么明显。

三、"词本位""字本位"与"词·语素·汉字"教学法

（一）"词本位"教学法

"词本位"教学法是把词作为语言教学的基本单位。教材设计时先教词，再教用词造句，然后教用句子组成的课文。

在对外汉语教材编写上，长期以来一直使用的是"词本位"教学法。比如教"我去商店"这个句子，具体的做法是先教"我""去""商店"三个词，然后再教由这三个词组成的句子。按词本位原则编写的教材一般分三部分，一是中外文对照的词表，二是课文，三是用词造句的语法规则。

（二）"字本位"教学法

"字本位"教学法把汉字看作汉语教学的基本单位。同样以"我去商店"这个句子为例。这种方法把"商店"一词先分成"商"和"店"两个字来教，先讲清这两个字的形、音、义，然后再教"商店"这个词。汉字是表意的，每一个汉字基本代表汉语的一个语素，很多语素都有一定的构词能力。例如："商"还可以构成"商人、商场、商业、商品、商船、商会"等，"店"还可以构成"鞋店、肉店、钟表店、服装店、茶叶店"等。汉语中常用汉字是有限的，约 3 000 个，但用这些汉字所代表的语素构成的词是数以万计的，是 3 000 个汉字所代表的语素的几倍，甚至十几倍。

另外，汉字所代表的语素义和所构成的词的词义，一般来说有意义和逻辑上的联系。如果学生学了"商"字，又学了"人"字，"商人"一词学生会不学自通。学了"店"字，又学过"鞋、肉、水果、食品"等字、词，在街上看见"鞋店、肉店、水果店、食品店"等词，即使他们没学过，也会推解出这些词的意义。也就是说，先让学生认了字，再学词就比较容易了。汉语中有相当多的词在书面上可以望字知义，认识一定数量的汉字以后，扩大词汇量就比较容易了。

(三)"词·语素·汉字"基本框架教学法

该理念认为，对外汉语教学的基本单位是能够独立运用的语素，即"词"，也是它的书写形式，即"字"。从教学过程看，汉语中的词和记录它的汉字就像一张纸的两面，又像是手心和手背，是不能截然分开的。这时，汉字不再是文字学意义上的"字"，而是词的书写形式。因此，对外汉字教学属于语言学范畴，而不是文字学范畴。汉字是汉语词的书写形式，对外汉语字词教学的主要矛盾在于如何处理汉语词和它的书写形式之间的关系。汉字和汉语词句互相关联，关联的基点是语素，"词·语素·汉字"由此构成了汉语字词教学的基本框架。在这个框架中，汉字和词是汉语教学的出发点和落脚点，是显性的；语素只有通过汉语的词和字才能显现出来，是隐性的。以词的使用频率和字的构形规律为基本线索构建教学词库和字库，做到字词兼顾，并在语素的基础上拓展学生的汉语能力和汉字能力，是"词·语素·汉字"这一教学理念不同于"词本位"或"字本位"教学法的本质特征。

施正宇（2008）用这种理论在教学中做了一些探索。他把三本不同课型（精读、口语、听力）的教材中出现的生词所用的汉字进行排列，得到了两个"库"：教学词库和教学字库。

教学词库包括即知词库、心理词库和欲知词库三个子词库。即知词库指的是教材规定的学习者在课堂教学中应该学会使用的词的总和，这些词一般集中出现在教材的生词表中。心理词库又叫已知词库，指的是已经贮存在学习者头脑中的词的总和。欲知词库指的是以上两个词库以外的学习者未知而想知道的词的总和。

在此基础上，以汉字构形原理为指导，以其形、音、义为线索对教学词库的书写形式——汉字进行梳理，得到三个子字库：字形字库、义符字库和声符字库。三者联合构成教学字库。

字形字库指的是以汉字形体的最大相似度为基本特征组成的字的集合。汉字形体的相似度取决于其书写元素和组合方式，书写元素包括笔形、笔画数和部件，组合方式指的是书写元素的位置关系及结构方式。汉字形体相似度的高低关系到汉字识别、记忆的难易程度。例如任何人都不会把"二/餐""丁/愚"相混淆，因为二者不具有形体相似的特征。但下面各组所含的偏旁和汉字则极易相混：午/牛、小/少、乃（奶）/及、儿/几、刀/力、爪（抓）/瓜、八/人/入、土/士、干/千/于，等等。它们在书写元素笔画、组合方式乃至字形轮廓上都具有极大的相似度，学生书写这些汉字的错误率也比较高，而字形字库的构建将有利于学生在对比的基础上提高汉字识别、记忆的效率。

义符（即一般理解的形声字的"形旁"）字库指的是以参与构成汉字的义符为共同特征组成的汉字的集合。研究表明，现代汉字的义符仍然具有较高的表意功能。例如：父与爸；饣与饺、饼、馒、馄、饨等；足与跑、跳、踢等；纟与红、绿、紫；女与奸、嫌、妄等。义符的表意功能是影响汉字习得的一个重要因素。

声符（即一般理解的形声字的"声旁"）字库指的是以参与构成汉字的声符为共同特征组成的汉字的集合。如包含声符"莫"的汉字：莫、摸、模、漠、寞、幕、慕。

但是由于施正宇没有做统计分析，我们无从知道该方法的实际应用效果。另外，我们认为该方法操作起来比较烦琐，教师备课量很大，相对不太实用。

第三节　对外汉字教学的基本原则

刘珣先生在《汉语作为第二语言教学简论》一书中，对汉字教学的一些基本原则做了比较全面的总结，归纳出对外汉字教学的五条基本原则：① "语""文"先分后合，初期汉字应按自身规律独立教学。② 强化汉字教学，"字"与"词"教学相结合。③ 把握汉字的构成规律和基本理论，利用汉字的表意和表音功能识记汉字。④ 按笔画、部件、整字三个层次，从笔画、笔顺、部件、间架结构四个方面进行汉字教学。⑤ 重视对比，加强复习，通过书写识记汉字。下面加以具体说明。

① "语""文"先分后合，初期汉字应按自身规律独立教学。

初级阶段应把"语"和"文"分开，即口语教学和汉字教学分开。口语先借助汉语拼音来进行。汉字教学先进行汉字字形结构单位的教学，即"摹写教学"，等学生具有摹写汉字的能力后再学习用汉字书写的语言材料。

有人认为在初级阶段应该设立平行的口语听说课和汉字读写课。听说课采用拼音教学，讲练词汇、语法、课文并进行句型操练。读写课介绍汉字的基本知识，并按汉字的特点和形体结构规律进行基本汉字的教学。口语课在前，汉字课在后，两条线分开。在学习者基本掌握汉字结构规律的基础上，还应尽快使语、文同步，即每学一个新词（字）就要同时掌握其音形义。

② 强化汉字教学，"字"与"词"教学相结合。

真正体现汉语结构特点的单位是"字"。把"字"作为汉语词语和语法教学的基本单位，才能体现汉语的特点，找到掌握汉语的关键。汉语作为第二语言教学要特别强调作为形音义结合体的"字"的教学，不能把汉字仅仅看作书写单位和词语教学的附属品。

"词"这一级单位从培养语言交际能力考虑，仍很重要。在强调汉字教学的同时，词汇教学的重要性仍不能动摇，字与词的教学应紧密结合。

③ 把握汉字的构成规律和基本理论，利用汉字的表意和表音功能识记汉字。

课堂上教授汉字知识十分重要。教师介绍一定的汉字演变和结构规律知识，可以帮助学习者从整体上把握汉字，尽快找到对汉字的感觉。在识记汉字的过程中，不能要求学生完全死记，要尽可能利用汉字的表意和表音功能，加深对汉字的理解和记忆。汉字以表意为主，分析汉字一定要注重其形；另一方面要利用汉字的表音功能识记汉字，这是以拼音文字为母语的学习者的长处。

汉字知识的讲授要以传统的字源学特别是《说文解字》中总结的"六书"理论为依据，

以保证汉字教学的科学性。但由于几千年来汉字字形字音的演变，"六书"理论已不能完全适应现代汉字的分析；要求现代汉字个个溯源不仅难以做到，而且对不了解汉字文化的学生来说，反而会使问题更加复杂化，而且过多地讲解文化内容也不是作为技能课的汉字课的任务。为了帮助学习者识记汉字，可以适当根据现代汉字字形进行"新说"。

面对汉字独特的笔画、部件和结构，人们常常会产生一些奇特、幽默、荒诞的联想，使我们悟出汉字中所包含的某种道理。当然，这些道理可能不是造字时的本意，也不能当作字源知识，但对学生掌握汉字、记忆汉字、欣赏汉字都有帮助。

宝——房子里有玉，当然是宝贝。

灾——大火在家里烧起来，就是灾难的写照。

夹——两点被两横夹住，人又被两点夹住，动弹不得。

南——在中国，都说南方人有钱。这话不假，你看南方人，他们口袋里装着人民币(￥)。

意——意思是心中的声"音"。

接——由"女、立、手"三个部件构成，想象女朋友手持鲜花，站在那儿接你。

安——家里有了女人就安定了。

晕——我每天（日）坐秃宝盖的"车"上学就头晕。

怕——由于心里害怕，脸都吓白了。

买卖——没有东西就要去"买"，有了东西"十"，才可以"卖"。

④ 按笔画、部件、整字三个层次，从笔画、笔顺、部件、间架结构四个方面进行汉字教学。

汉字课堂教学中，要根据汉字的内部构造进行系统的教学。按照笔画、部件、整字三个层次，从笔画、笔顺、部件、间架结构四个方面进行汉字教学。在汉字教学过程中，对汉字有必要进行分类梳理。首先需要对汉字字形进行解析，将汉字分为笔画、部件、整字三个层次。然后要从笔画、笔顺、部件和结构方式四方面进行教学，使汉字教学有规律可循。对掌握笔画、笔顺、部件、结构方式的训练，从一开始就应该严格要求，打下牢固的认读和书写的基础。

⑤ 重视对比，加强复习，通过书写识记汉字

在课堂教学和学生学习的过程中，要重视汉字的对比，加强复习，通过书写识记汉字。对形近字和同音字需要进行结构和字义的比较。形近字，像"未"与"末"、"没"与"设"、"人""入"与"八"、"找"与"我"等。有的是多一笔少一笔，有的是笔画长一点短一点，或者其中某一部件稍有差别，特别是笔画之间存在相离、相连、相交等不同的位置关系，这些常常被学习者忽视，写成错字。同音字则需要通过形义的对比，避免写出别字。除了对比以外，汉字的复习巩固也非常重要。不经常复习，汉字非常容易遗忘。只有通过反复书写练习，才能有效地记忆汉字。

第四章　对外汉字教学发展与研究概况

第一节　对外汉字教学

一、对外汉字教学的定位

本书说的汉字教学，是对外汉语教学中的现代汉字教学。仿造对外汉语教学名称，也许可以称之为对外汉字教学。它是对外汉语教学的组成部分。诚然，在汉字教学中不可能不涉及汉字文化及其相关问题，但我们不能把汉字教学的重点放在文化揭示和知识讲授方面。汉字教学虽然涉及文化，但是汉字教学不是文化教学。必须十分明确：对外汉字的教学对象是现代汉字，汉字的文化教学不是对外汉字教学的主要任务。实践表明，如果对汉字教学的定位含混不清，就会干扰和偏离汉字教学的方向，影响汉字教学的效果。

二、对外汉字教学的目的

所谓对外汉语教学中的现代汉字教学是指：以外国人为对象的、以现代汉字为内容的、用外语教学方法进行的、旨在掌握汉字运用技能的教学活动。汉字教学的根本目的是讲清现代汉字的形、音、义，帮助学生认读汉字、书写汉字、学习汉语、掌握汉语的书面语；当然，学生在学习汉字的过程中，同时必然也在接触和学习汉字文化，毫无疑问，这是汉字教学自然产生的客观效果，无须刻意追求。必须特别强调，汉字是语素文字，一个学生掌握汉字数量的多少，不仅关系到学生的汉语口语水平的高低，而且也是学好汉语书面语的关键。

三、对外汉字教学的现状

现代汉字教学，应该贴近教学对象的实际。我们的教学对象可分两类：一类是既不懂汉语又不识汉字、在语系上和文字体系上跟汉语汉字完全不同的欧美等国学生；另一类是同属汉字文化圈的日本、韩国学生。后者虽然认识一些常用汉字，但不会说汉语，而且日语和韩语在语系上跟汉语没有亲属关系。比较起来，日本学生和韩国学生学习汉字相对比较容易，因为，日本学生在中学阶段就能掌握日本常用汉字 1 945 个，韩国学生也能掌握 1 800 个韩国常用汉字，撇开读音不谈，这对他们学习汉语词汇会有一定帮助。不过，由于日本和韩国汉字的字义在借用汉字时跟中国汉字在内涵和外延上不尽相同，因此他们很容易望文生义，产生负面效应，典型的例子是：日本的"手纸"相当于汉语的"信"，汉语的"点心"则相当于韩国的"午饭"。从学习汉字的角度，汉字文化圈的学生肯定要比汉字文化圈外的学生容易得多，但是必须指出，三个国家的汉字分别记录的是三种不同的语言，因而日本、韩国学生在学习中国汉字时都应该把汉字当作外语外文来学习，否则是学不好汉语的。事实上，也许由于认识上的偏差，日本和韩国学生并没有因为认得汉字的优势而一定比欧美学生学得更好，特别是口头表达方面。

当然，学习繁复的汉字，对于年过20岁的欧美学生而言也绝不是一件轻松愉快的事情，若要记忆更是苦不堪言。国内大多数学校都比较重视汉字教学，做出了较好的安排。在初级阶段有的学校还专门开设了汉字课，布置汉字书写练习。到了中级阶段，则把汉字教学置于课文教学之中，汉字教学与汉语词汇教学同步进行。这样做的好处是，可以把汉字教学与汉语词汇教学结合起来，使学生比较准确地理解汉字的字义；但是如果处理不当可能也会产生弊端，以词汇教学取代汉字教学。因为，教师在课堂教学中，通常把注意力放在课文的阅读与理解上面，关注的是词语和语法教学，汉字只是作为一个词汇单位教给学生，这样很容易忽视汉字的教学。所以，有人说，所谓汉字教学只是初级阶段才有，到了中级之后就不知不觉地被取消了，很难说还有严格意义上的对外汉字教学。笔者认为，汉字教学应该贯彻基础汉语教学阶段的全过程。当学生看到"美不胜收"时，首先是查看英语翻译："So many beautiful things that one simply can't take them all in."或者"More beauty that one can't take in."。他们是从英语翻译来了解该成语的含义，却不大理会这一成语四个汉字的字形、读音和字义。他们通常从图形上认读汉字，摄取汉字的形体图像，疏于记忆，如果教师不做特别强调和提示，学生很难分辨汉字的部件和笔画，因此写起来常常丢三落四。通常的情况是，各校一年级学习汉语的人数很多，但许多人浅尝辄止，遇有困难就半途而废。"经过十年寒窗生活以后，只剩下极少数的学生攀登硕士或博士的高峰。"即使这些佼佼者的汉语说得很流利，但是他们中一些人在阅读、特别在书写方面依然存在许多困难，离所谓"语言通""文化通"和"中国通"还有相当的距离，"最主要的原因是汉字的难关"。他们对汉字往往缺乏审断能力，不能分辨"浃、挟、狭、铗、挡、档、裆、买、卖、实、没、设、讷、纳、呐、衲、募、幕、蓦、慕、暮、卷、券"，等等，所以动起笔来常常出错，打出来的文字也错得离奇。这就是当前的汉字教学情况。

究其原因是多方面的。

在理论层面上，有人从本体论出发，认为先有语言，后有文字，文字只是记录语言的符号，符号是可以跟本体分离的。最能体现这一思想的是美国结构主义者弗朗西斯（John De Francis），他主编的《初级汉语读本》《中级汉语读本》《高级汉语读本》就分为拼音本和汉字本两种。他主张先教会话，后教汉字，对于那些只想学习会话单项技能的人也可以不教汉字。这种看法和做法曾流行于欧美。这种看法也深深地影响着欧美学生，他们普遍地存在着重口语、轻汉字、重阅读、轻书写的倾向。从哲学层面上说，语言先于文字的观点无疑是正确的；但是如果某种语言一旦拥有了文字，文字对语言的反作用也是不可忽视的。特别是像汉字这样的语素文字对汉语的反作用尤其明显，达到了惊人的程度。是汉字保留了古代汉语的词语，保留了古代圣贤的语录，保留了古代优秀的诗词歌赋、格言成语，保留了古代汉语特有的语法格式，并把它们中的一些成分原封不动地保留在现代汉语之中。汉字与汉语简直难解难分。一个外国学生，如果真的要学好汉语，成为汉语方面的高级人才，不学习、掌握汉字是不可能的，把汉语学习跟汉字学习对立起来的做法也是不可取的。事实上，汉字已经成为汉语特定的组成部分，学习汉字就是学习汉语；若要学好汉语，必须得学习汉字。

在操作层面上，有人从同源论出发，认为汉字就是汉文化，在教汉字时往往大讲汉字的源流嬗变、文化考察、风俗探源、书法艺术欣赏等。如果如此理解汉字教学，人们就可以这样讲授"茶"字："茶"在《说文·草部》中为"茶荼，苦荼也，从草余声。同都切。"据大徐本注："此即今之茶字。"然后引证《广韵》："宅如切，平麻澄。"再论"茶"字三种写法"茶、搽、茶"，根据唐代陆羽《茶经·一之源》注解：从草，当作"茶"，其字出自《开元文字音义》；从木，当作"搽"，其字出自《本草》；草木并，当作"茶"，其字出自《尔雅》。再解释"茶"的民俗含义："旧时订婚聘礼的代称。如三茶六礼，受茶。"明朝陈耀文《天中记·茶》："凡种茶树必下子，移植则不复生，故俗聘妇必以茶为礼。"《清平堂话本·快嘴李翠莲记》："行什么财礼？下什么茶？"再讲茶的种类，茶的功能，茶具、茶道等。讲者用心良苦，努力在弘扬汉字文化，听者如坠入云雾之中，一无所获。难道这是对外汉语教学中的现代汉字教学吗？当然不是。正确的方法是，讲清"茶"的形、音、义，告诉学生"茶"字的用法和写法。还有，教师可以通过组词练习，比如"红茶、绿茶、新茶、陈茶、茶馆、茶道、茶点"等，并且隔三岔五地提醒学生。

笔者认为，只有在理念上和操作上取得一致的看法，才能进行真正意义上的对外汉语教学中的现代汉字教学，才能实现汉字教学的目标。

四、现代汉字不同于古代汉字

对外汉语教学中的汉字教学应该定位于现代汉字。现代汉字虽是古代汉字的发展，但是经隶变后的汉字形体已经由圆而直，大幅度地丧失了以形示义的功能，汉字已逐渐脱离了图画的意味，变成了一种记录语言的符号。这是汉字成熟的标志。传统的"六书"理论虽与现代文字学有相通之处，但已不能完全适用于现代汉字的分析。同样的术语有的名同字异。比如，"六书"中的象形字"日、月、山、水、手、心、子、女、弓、矢、刀、戈、户、舟"等在现代汉字中已不再具有象形的特质，变成了记号字。"日"字在"晴、明、旦、昏、晒、晖、晨、暗"中只是意符。"六书"中的指示字，如"凹、凸、丫、一、二、三"在现代汉字中却已成了象形字。在简化字中又出现了许多新会意字，如"宝、笔、尘、巢、伞、泪、灭、灶"等等。古代汉字中的所谓形声字，如"江、河、打、布、刻、蛇、霜、逃、醉"等在现代汉字中已变成半意符、半记号字。在"六书"中有些形声字已与今义不同，如"骗"：《集韵》，匹羡切；《字略》，"骗，跃上马也。"现指"欺骗"意。"特"，《说文解字》："特，朴特，牛父也。从牛寺声，徒得切。""牛父"即"公牛"，现指"特别、特殊"义，意符和声符均发生变化，成了合体记号字。汉字教学，虽然古今不能截然分开，但在观念上必须区分古今汉字。

五、对外汉字的教学内容

汉字教学是实用科学。从事对外汉语教学的教师应该具有丰富的汉字知识，但并不是把这些知识统统都要倒给学生。一方面要加强现代汉字本身的研究，将他人的研究成果，用于汉字教学之中；一方面也要研究汉字的教学方法，了解学生的实际，选中切合学生学习汉字的重点和难点，通过反复讲练，形象而直观地分层级进行汉字教学。

第一，讲清现代汉字的性质。汉字是语素文字，而非拼音文字。一个汉字均由形、音、义三个部分组成。形、音可以变化，但基本字义一般不变。例如："女"，《说文解字》："妇人也，象形。王育说。凡女之属皆从女。"现代汉字"女"字形由篆而隶而楷，但基本字义不变。很多由"女"组成的合体字仅《说文》就有"姓、娶、婚、妻、姑、妹"等244个。"女"作为基本语素，可组成多字结构，前置如"女儿、女方、女工、女皇、女人、女色、女士、女强人"等，"女"也可后置，如"处女、闺女、妓女、美女、少女"等。记住一个"女"，就可以认知由"女"组成的合成字以及跟"女"有关词语的意义，由此可见，记忆构字能力很强的独体字，对于学习汉语和汉字是何等重要！

现代汉语常用汉字有 3 500 个。对外汉语教学根据实际对 3 500 个常用汉字做了适当的微调，按照《汉语水平词汇与汉字等级大纲》规定，将对外汉语教学用字调整为 2 905 个，可以据此编写教材，进行课堂教学和教学测试。至于是否要把 2 905 个汉字再分成"复用式掌握"或者"领会式掌握"，这是可以而且应该研究的。

第二，解析现代汉字的字形结构。现代汉字整字可分为独体字和合成字两种。"六书"中的象形字和指事字都是独体字，会意字和形声字都是合体字。现代汉字中的独体字多半来自古代象形字和指示字。前者如"人、手、水、火、日、月、禾、田、井、虫、止"等，后者如"甘、方、七、上、下、本、末"等；有些合成字是经简化后而归入独体字的，如"龙、专、门、书、卫"等。现代汉字的合成字多数来自古代会意字和形声字。前者如"休、林、男、旅、盖、析"等，后者如"芽、理、简、案、沐、际、盛"等；少数来自古代象形字和指事字：前者如"燕、鱼、泉、阜"，后者如"亦"。应该让学生知道，独体字既是常用汉字，又是构成合成字的部件，组字能力很强，必须牢牢记住。解析合体字可以理性地了解汉字的构造原理，领悟汉字的理据性，从而掌握记忆和书写汉字的诀窍。应该指出，在造字过程中，"有的字有理据，有的字没有理据，有的字有部分理据。有的字在造的时候就没有理据，有的字本来有理据，在发展过程中失去理据"。所以，应该特别强调，记忆汉字不能没有诀窍，也不能没有方法，但是最基本的方法只有一个字：记！这一点应该向没有背诵习惯的欧美学生反复说明，反复强调！

第三，剖析汉字的部件。部件也叫字根、字元、字素、字形，是汉字的基本结构单位。独体字只有一个部件，合体字有两个或两个以上部件。如"地、和、对、好、动、园"等是两个部件，"想、娶、树、坐、渠、谢"是三个部件，"营、韶、筐"等是四个部件，"燥、赢、膏"等是五个部件。部件与部件的组合是分层进行的，不是一次组合而成。

"韶"的部件是"立、日、刀、口"，这些可称为末级部件。末级部件一般都可以成为独体字。由此可见，剖析一个字的部件对于认知汉字的构造和正确地书写汉字都是很有帮助的。

第四，讲授现代汉字的笔画。笔画是构造汉字的线条，是汉字构形的最小单位。现代汉语通用字中笔画最少的汉字只有一画，如"一、乙"等，笔画最多的是36画，如"齉"字。其中以9画字居多，10画和11画次之。笔者认为应该教会学生正确书写汉字的先后顺序，要求学生掌握汉字书写的基本笔顺，认真训练，反复默写，养成规范的书写习惯，这对学生学习汉语将会受益无穷！

六、对外汉字教学的方法

国家汉语水平考试委员会办公室考试中心颁布的《汉语水平词汇与汉字等级大纲》不同于一般的教学大纲，而是一种规范性的水平大纲。在对外汉语教学中如何实施《汉语水平词汇与汉字等级大纲》需要另订汉字教学计划。母语的汉字教学与对外汉字教学存在着很大的不同：前者是学习者已会说汉语后再学汉字，其教学顺序是从字到词，学字难和学词易是对立的也是互补的；后者是学习者既不会汉语也不识汉字，其教学顺序则相反，是从词到字，学汉字和学词是同步进行的。因此，绝大多数学校的对外汉语教材都是把汉语的词汇教学和汉字教学结合在一起，同步进行。笔者认为，如果安排不妥，只注意词汇教学，就会影响学生对汉字的掌握。汉字教学的方法值得研究，教师要加强科学性和计划性，克服随意性和盲目性。

第一，应该制订汉字教学计划，把《汉语水平词汇与汉字等级大纲》所列的甲级字、乙级字、丙级字和丁级字具体化，也就是要制定一个怎样分别实现上述各级字目标的具体规划。具体要求是：列出一份汉字教学计划，列出汉字教学点，确定每一课应教的重点汉字，并将这些汉字醒目地印在课本的显著位置。就像弗朗西斯主编的《初级汉语读本》（汉字本）等教材中所做的那样，每一课都用方框列出一组汉字，放在课文的右上角，以供学生读写、记忆。教师应该采用各种有效的方法，帮助学生记住这些汉字。

第二，在这份汉字教学计划中，应该分层次地列出构字能力很强的独体字和常用合体字，精选例字，用现代汉字学的理论，精当地解析这些例字的字形（部件、笔画、笔形和笔顺）、构造（意符、声符、记号及其变体）和理据，以利于学生认知和记忆。据笔者统计，在甲级 800 个字中，有独体字 137 个，约占 17.1%。如八、白、百、半、办、包、本、必、不、布、才、长、厂、丁、车、成、大、单、当、刀、电、东、儿、二、发、反、方、飞、丰、夫、干、个、工、广、互、户、几、己、见、斤、火、九、开、口、乐、立、力、了、六、录、写、买、毛、么、门、米、母、内、年、牛、农、女、片、平、七、其、气、千、目、求、去、人、日、三、色、上、少、声、生、十、史、示、事、手、术、束、水、四、太、无、头、万、为、文、五、午、西、习、系、下、先、小、辛、羊、也、页、业、一、衣、已、以、义、永、尤、有、友、右、鱼、元、月、云、再、在、占、正、之、中、主……这些独体字，一般使用频率很高，构字能力也很强。比如，学会了"木"与"白"，就很容易理解"柏"，"木"是意符，"白"是声符，也容易理解"材""杆"等，具有认知意义。在解释汉字字义时，不宜把一个字的所有义项一股脑儿全教给学生，因为他们领会不了，而应该分层地进行，先教基本的常用义，再教派生义，用逐步积累、不断加深的方法，让学生最终掌握一个汉字的主要义项和基本用法。实践证明：解析汉字的部件及其意符和声符对于理解和记忆合体字都是有效的方法。

第三，分析现代汉字的结构也是学习和记忆汉字的有效方法。统计表明，现代汉字的构成方法主要是形声字，约占 90%，会意次之，象形极少。这跟《说文解字》相似：《说文》共收 9 353 个小篆，其中形声字 7967 个，约占 85%。所以，我们的教学重点应该放在形声字教学上面。由于语言的变化，现代汉语的形声字有三种情况：狭义形声字，如"湖、榆、恼、疤、搬、苞、枫、陲、俘、荷、狮、铜、谓、锌、洲、株、砖、肤、护、惊、态、钟、桩、油、娶、驷"等；广义形声字，如"江、河"；半意符半记号字，如"缺、刻、蛇、霜、逃、醉、灿、础、灯、炉、拥"等。除狭义形声字外，学习者都需要特别记忆，避免字读半边的类推错误。此外，在讲现代汉字时，不宜过分渲染汉字的象形特征，因为这不是现代汉字的本质，也不符合事实，即使在《说文》中也只有象形字 364 个，仅占 3.8%。在教学中，偶尔也可采用"戏说汉字"的办法，使人一笑也是效果，但是不能成为析字的主要方法。因为它既不能揭示汉字的构造规律，也无助于理性地认知汉字、记忆汉字。

第四，对比结构异同，区别易淆之字。汉语是一个庞大的字符集。汉字是语素文字，不同的汉字表示不同的语素，不同语素则用不同的汉字来区别。汉字的方块形体限制了汉字的构造，一个汉字与另一个汉字只能靠部件、笔画、横竖、长短、位置等来加以区别，这就给汉字造成纷繁复杂的局面。初学者常常不易分辨。从字形方面分析，常见易淆的情况有：多横少点：亨、享、兔、免；上长下短：未、末、士、土；左同右异：扰、拢、伧、伦；左异右同：课、棵、裸；上同下异：暮、幕、简、筒；下同上异：籍、藉；外同内异：遣、遗、圆、圜；左右相同，中间有别：辨、辩、瓣。从字义方面分析，因理据和用法而引起的混淆有：字义理解不准：（国）事、（国）是；很、狠；用法分辨不清：作（法）、做（法），分（子）、份（子）等。从书写方面分析，容易出错的是：笔画增损，笔形失准，笔顺颠倒，部件易位，偏旁错乱，间架不匀，以及由于形似、音近或义近导致写错别字等。经验表明，当学生已经学过了一些汉字，在认读或书写时出现混淆或错误时，教师如能进行结构、字义和用法方面的对比，是非常有效的方法。

总之，对外汉字教学，对于外国学生学习汉语和书写汉字都至为重要。应该重视对外汉字教学，应该编制一份对外汉字教学大纲，详列汉字教学点；应该讲究汉字教学方法；应该编写一套能够体现《汉语水平词汇与汉字等级大纲》的教材。这应该成为完善对外汉语教学的一大目标。

第二节　对外汉字教学现状

一、国内对外汉字教学现状——以欧美留学生为例

汉语是中华民族的传统文化，博大精深，在世界上占有重要的地位。改革开放以来，我国与外国的经济文化交流日益频繁，我国的传统文化也在世界上产生了越来越大的影响。近几年来，世界范围内掀起了"汉语热"的狂潮，汉语文化越来越广泛地受到各国人民的青睐。汉字是汉语的基础，因此在对外留学生的汉语教学中，汉字教学也就显得格外重要。

在对留学生的汉语教学中，汉字教学一直是重点也是难点。所以，如何巧妙合理地运用教学方法，激发学生学习汉字的兴趣，提高学生学习汉字的能力，使学生能够更快更好地掌握汉字，并且牢固记忆，一直都是汉语教师教学的最终目的。调查研究显示，大约有75%的汉语初学者觉得汉字难认、难写；55%左右的学习者认为识记汉字是影响汉语学习效果的主要因素；甚至会有很大一部分留学生单纯因为学习汉字的困难而放弃学习汉语。可见，从根本上改变学生的畏难情绪是提高学生成绩的有效途径。

欧美学生属于非汉字文化圈的学生，对于他们的汉字教学一直是对外汉语教学界的难点也是重点之一。了解了欧美学生的特点，就能找到有效的教学方法和策略。同时，面对新形势下的教学，我们也可以采取更为多样有效的教学手段。

（一）欧美学生的特点

每个国家学生的认知特点都存在着差异性，所以我们必须了解他们的学习特点，因材施教，而欧美学生在汉字方面的认知特点如下所示。

不习惯汉字的特点。以英语为母语的欧美学生，他们所使用的文字是拼音文字。但是这些拼音文字和它所记录的英语的对应关系和汉字与汉语的对应关系是截然不同的。这些使用拼音文字的学生，从小就熟悉了用字母拼写单词的思维模式，英文的组合方式是一维

空间，而汉语的构形部件的基本方式是二维空间。在他们看来，汉字像一幅幅图画，似乎没有规律可言。

对汉字及汉语词汇的构成缺乏理性的了解。欧美国家的学生不知道汉字的造字法及其结构，他们也不明白汉字和它所对应的词之间在形与义、形与音上的有机联系。如他们不明白"日"与"目"分别表示的是现实生活中太阳和眼睛的形象。

他们的母语中的词一般都是多音节的。所以他们在学习汉语中的双音节或多音节词时，就容易产生整体理解、整体记忆的方式，他们不了解也不习惯汉语复合词的可分性，一般不会再把组成词的几个字拆开记忆，如"写作"就是 write。因此当复合词中的某一个字与其他的字组成另一个多音词时，他们脑子里出现的往往是包括该字在内的、自己最熟悉的那个多音词，而不是这一个字。

（二）对欧美留学生进行汉字教学的必要性

赵金铭先生曾在《"十五"期间对外汉语学科建设研究》中提出："以汉字研究为突破，加强书面语教学的研究，在对外汉语教学中汉字是面临的最大问题，也是最大的挑战之一。"随着世界局势的不断发展，中国在世界上的影响力越来越大，汉语在世界上的应用也越来越广泛，越来越多的外来汉语学习者相继赴华学习，因此，对外汉语的教学应该引起足够的重视。在汉语教学中，汉字教学是重中之重，因而也受到了广大教师的关注。如何使欧美初学者更快地对汉字学习入门，如何有效地提高学生的学习兴趣，如何让学生更快更好地写好汉字等一系列问题都有待解决。

（三）在汉字教学中遇到的困难

随着"汉语热"的出现，越来越多的留学生开始学习汉语，我国对留学生的汉语教学经验越发丰富，然而我国的汉字教学制度还不够完善。就目前情况来看，我国对留学生的汉字教学仍旧存在很多的现实问题，具体表现如下。

重视程度不够。教师在教学中起的是引导作用，在对外汉字教学中，更是有着不可比拟的地位。然而就我国目前的情况来说，无论从课程设置上还是教师自身方面，对留学生的汉字教学重视程度仍有欠缺。

文化差异较大。每个留学生在来中国以前接受的都是本民族的专属文化，与中国传统文化具有较大差异。汉语的学习并不只是语言的学习，更是对异域文化的感受与学习。汉字是中国传统文化中独特的一部分，因此对于留学生来说，汉字学习更为困难。

教学方法不灵活。随着对外汉语教学课程标准的提出和实施，我国的汉语教学情况已经有了很大程度的进步，然而这似乎在汉字教学方面并没有太大的改善，留学生的汉语课堂中，依旧有很多教师采用最原始的"中国式"传统教学方法——教师在讲台上大讲特讲，任凭学生在下边混乱一片。这样的课堂氛围对于学生的学习，尤其是汉字学习方面非常不利，很容易导致学生消极情绪的出现。

（四）汉字教学中存在的问题

1. 汉字教学方法单一

我国对外汉语的课堂教学中，汉字教学往往处于从属地位，容易被忽略。教师大都重视学生是否能够辨认汉字，读出读音，而单纯的辨认汉字和读出读音并不能真正满足学生实际生活和学习需要。因此，汉字教学要真正引起教师的重视，不断创新汉字教学方法和模式，根据留学生的特点采取不同的教学方法，让学生在全面掌握汉字的音、形、义的基础上，进一步了解汉字文化。

2. 汉字教材存在的问题

目前汉字教材主要分为两类。第一类是依附于综合课的教材。综合课的教材大体是"随文识字"型，汉字教学内容违背了汉字习得的基本规律，往往给学习者造成了很大的学习压力。第二类是独立的汉字教材。随着汉字教学越来越被重视，学校开设了专门的汉字课。这些专门为汉字教学编写的汉字教材一般从汉字的偏旁部首开始讲授。但是这些教材或多或少还是存在不足之处的。

3. 汉字APP教学资源建设存在的问题

当前，我国对外汉语汉字APP教学资源不断丰富，但依然存在一些不容忽视的问题。汉字APP教学资源是除汉字教材之外的新兴的一种汉字教学移动学习资源。它具备小巧灵活的特点，能够将感觉、听觉、触觉、视觉进行高度交互结合，十分适合在留学生汉字教学中广泛应用。近年来，研究和开发汉字APP教学资源的公司及个人日益增多。市场上也出现各种各样的APP教学资源，但这些教学资源普遍存在一个问题，就是其设计对象大多为母语学习者，无法适用于留学生。尤其是汉字APP教学资源是一个新兴领域，尚未形成一个科学完整的体系，设计APP过程中对于汉字选择、练习活动的多样性以及功能设置等都存在诸多问题，这些问题的存在会直接影响到留学生汉字教学。

4. 留学生对汉字学习存在着消极心理

我国留学生汉字教学中，留学生尤其是非汉语文化圈的留学生普遍认为汉字学习是整个汉语学习中最困难的部分。汉字发音给留学生的学习带来诸多问题，而汉字书写更让他们望而生畏，非汉语文化圈的留学生一般是第一次接触表意字，他们习惯使用拼音文字，对于汉字十分不适应。汉字在他们眼里，就像一幅幅图画，不仅结构复杂，没有规律可循，而且难写难记，在汉字书写过程中往往只能依葫芦画瓢。究其原因是他们对汉字文化缺乏足够的认识，不能真正领悟到汉字的音、形、义之间的联系，这一情况严重影响留学生汉字书写能力的提高。因此，留学生汉字教学首先要让学生在学习一定数量汉字的基础上，掌握汉字的特点和规律，从而避免学生在汉字学习过程中产生畏难情绪和厌学心理。

（五）教学方法和策略

很多欧美留学生在本国学习时使用的都是拼音课本，学习的是一些简单的对话。因此他们不清楚汉字的重要性，他们认为凭拼音就可以学会中文，甚至拒绝学习汉字。因此教师在教学之初就应该强调学习汉字的目的和重要性，告诉他们汉字是用来记录汉语的书写符号，学会汉字才能掌握好汉语。在学生从根本上认识到汉字的重要性以后，我们要做到以下几点。

① 加强对欧美学生认知模式的训练。改换学生头脑中固有的认知模式，使他们充分了解汉语及汉字的特点。建立起一套适合学生学习汉语和汉字的认知模式。在视觉系统上，要让他们的眼睛习惯对"点、横、竖、撇、捺"的组合表示意义的方式的辨认，在字义和字形间建立一种联系。同时，要改变他们对拉丁字母的书写习惯，以适应汉字的笔画书写。

② 在汉字教学中，教授一些汉字的知识。汉字是以表意为主的文字，认读一个汉字，往往要分三步走："音—义"相连、"形—义"相连、"音—形"结合。例如，认识汉字"水"，就要经过三步：音—义，发音 shuǐ 和事物"水"的概念相连；形—义，"水"的字形与事物"水"的概念相连；音—形，发音 shuǐ 和字形"水"的结合。因此，教师在教学时一定要帮助学生形成正确的识字观念，初步了解汉字的性质、特点和规律。

③ 汉字教学一定要分阶段进行。龙浩杰（2003）指出："非汉字文化圈学生对汉字的加工过程：在初级阶段，以笔画为单位识记汉字；中级阶段，采取序列加工方式，笔画和部件共同发挥作用；高级阶段，以兼容序列加工和平行加工为主，汉字意识不断向母语者靠近。"但汉字的数目很多，我们在教学时要有所选择。北京语言大学于1992年出版了《汉语水平词汇与汉字等级大纲》，是我们目前对外汉语教学中汉字教学的标准。根据这个标准以及学生学习的特点，在初级阶段，我们可以从笔画、独体字和一些使用频率极高的简单合体字入手，待学生有了一定的汉字基础以后，再引进部件教授较为复杂的合体字。

④ 汉字读写分开。汉字丰富多彩且总量较大，每一个汉字都有多种释义和解释，每一句话又都可以用多个汉字来表示，同时有较大数量的形近字存在，而留学生不可能在短时期内掌握所有的汉字，做到正确认读和书写，因此对于留学生来说，学习汉字任务重，难度大。所以，教师应该根据课程需要进行调整，适当地减缓学生的学习压力，尽量多读少写。

⑤ 要分析现代汉字的结构。实践证明，学生经历了笔画和整字记忆的阶段后，随着对汉字认识的加深，他们在碰到新的汉字时，就会用自己已有的知识结构对汉字进行分析、比较和概括。这时候我们可以特别注意形声字的教学。统计表明，现代汉字的构成90%是形声字，形声字的形旁表示这个字的类别和范畴。因此教师应该教学生利用形旁来推测字义，认清字形。江新（2001）的实验也证明了这一点，她指出："二三年级留学生对汉字形声字的读音明显受到声符表音特点的影响，而且留学生对形声字声符表音作用的意识随年级升高而增强．对声符表音线索的利用随年级升高而增多。"但是由于历史的演变，

形声字的表音和表意作用有所弱化，在一些差别细微的字上，我们要提醒学生注意，而不要读半边字。

⑥ 培养学生自我纠错意识。钱学森曾说过："正确的结果，是从大量错误中得出来的；没有大量错误做台阶，也就登不上最后正确结果的高座。"学习过程同样如此，出现错误并不可怕，可怕的是知道错误后并不改正。因此，教师在汉字教学过程中应鼓励学生积极发现自己在笔顺、笔画、结构等方面的书写错误并进行自我纠正，通过找出错误、改正并进行练习巩固，不仅能够找到正确的书写方法，而且可以发现自己的薄弱处所在，为以后的汉语学习奠定良好基础。

⑦ 重视对比教学，区分易淆之字。汉字的方块形体限制了汉字的构造，一个汉字与另一个汉字只能靠部件、笔画、横竖、长短、位置等加以区别。笔画方面的对比，如长、短的横；笔顺的对比，如撇和捺；部件的对比，如九、几、儿；结构方面的比较，如昆和皆，况和兑。当然还包括一些独体字和形近结构字义的比较，如午和牛、士和土。这些笔画之间的结构以及部件的差别都特别小。常常为学生所忽视，我们要注意提醒他们。同时，对于同音字的比较可以通过形义比较，从意思上解释，避免学生犯错。

⑧ 教学中要注意趣味性。尤浩杰的研究结果表明，汉字的使用频率对学生书写和识别汉字都有显著的影响。因此我们一定要让学生大量、反复地练习汉字，但对欧美学生来说机械地抄写又太单调，因此我们在教授过程中要注意趣味性，采用多种多样的练习形式。如将汉字课本与书法课结合起来，用描红、临摹等方式练习汉字。另外在学过一些生词后，我们可以让学生将其组成地名，如"山、广、东、西"等字，可以组成"山东、山西、广东、广西"等地名，如再结合地图，可以让学生很快记住这些词的意思。

⑨ 将汉字与中国文化相结合。其实，很多留学生来华是因为对中国文化感兴趣，教师可以利用这一点将汉字的教学与中国文化结合起来，吸引学生目光。比如学习"铁杵磨针、闻鸡起舞、亡羊补牢"等成语时，教师可以结合历史典故为学生讲解，通过故事记成语，对学生学习有很大的帮助。

⑩ 强化汉字教学。字与词的教学相结合。汉语在其常年的发展过程中，表达概念和意义的单位。绝大部分已由单音节的汉字发展为双音节或多音节的词。因此字的意义在词中能更好地理解，离开词、句孤立地学习单个汉字不仅不易掌握，也很难激发和保持学习者的兴趣。因此我们在教学时要字与词结合，做到字不离词，有时甚至可以在更大的环境中。如在句子中，让学生猜测某个字的意思，以加强他们对于意义的理解。

⑪ 各课型的教学过程中都要抓汉字。在现阶段的汉字教学中，由于考虑到课文内容的安排，有时候第一课教的就是相当复杂的汉字。如"谢谢"，如果按照课文的内容教，就会有很大的随意性，无法按照汉字本身规律和由易到难的循序渐进的原则进行教学。这不利于初期的汉字学习，因此我们要设立独立的汉字课，介绍汉字的知识，并按照汉字的特点和结构规律进行教学。但除了在汉字课上进行分析外，还要在精读课、听力、口语课、阅读课上进行汉字分析，如果遇到学生理解汉字错误的情况也不要放过，要从"暗线"角

度去抓，只有这样"明、暗"结合，才能加深学生对汉字的记忆。

⑫ 信息技术与汉字教学相结合。随着网络信息技术的发展，尤其是智能手机的广泛使用，使得教育模式日益多元化，对外汉语教学应充分利用网络信息技术，将教育与文化娱乐相结合，为留学生提供一个可以在学习中娱乐，在娱乐中学习的平台。语言学习本身是抽象的，而多媒体技术正是通过对抽象事物进行具象化的展现，来达到加深记忆、提升兴趣的目的。随着手机技术的发展，通过手机观看视频、体验、互动的技术早已普及，所以APP应用的建设首先满足了汉字教学中的多媒体化的需求。

总之，在教学时不能一味地强调，要学生获得写汉字的技能，而应在汉字教学中将识字和写字区分对待。在中国是识字和写字并重，但对欧美学生而言，应突出识字。因为欧美人习惯以打字取代手写，他们大多数以计算机来处理汉字信息，以适应他们在汉语社会中的日常生活的交际需求。他们在学习汉字时，常常是在"识字"后跳过"写字"，而和"用字"联起来。事实上，很多欧美学生认识了一定量的汉字后，就能够用计算机处理某些汉字信息，让识字和用字直接沟通，以解决汉字难写的问题。汉字在现代已经受到现代化技术的挑战，现代生活节奏加快的今天，我们要重新开始考虑汉字的应用问题，探讨汉字在不同条件下应用的问题，建立应用汉字学的学科。当然，传统的汉字研究也不能放松，因为它可以为汉字教学提供理论基础。

（六）针对欧美学生汉字教学的策略与案例分析

1. 汉字教学策略分析

（1）利用汉字的理据性与半理据性进行教学

我们在看到一个汉字的时候，比如说"清"，读音和声旁"青"是一致的，意义则是和"氵"有关系的。所以通过部件直接可以联想到他们的读音与意义，这就是汉字的理据性。类似于这样的例子还有很多，比如说"湖、蝴"，两个字的发音都是"胡"，而意义上的差别主要是部首"水"与"虫"的差别。但是也有部分的字没有办法直接得到它的读音和意义，这种就叫作汉字的半理据性。比如说"猪、诸、煮"中的声旁"者"（zhě）和这三个字的韵母发音不一致，他们应该是 zhu，还有差异更大的，比如说"江、豇"的读音是 jiāng，而他们的声旁的发音是 gōng。我们不必要去刻意地讲述为什么会有变化，这样会让学生产生更多的学习压力，我们所要说的是我们可以利用汉字的这样一种构字的原则，来进行猜测式的学习，降低汉字字形复杂带来的难度。

（2）将汉字结构分解后进行意义组合教学

汉字教学的过程中，教师要对每个汉字进行结构分解，让学生了解一个汉字是怎样被构造起来的，比如"歪"，它是由"不、正"组合起来的，然后就这两个字的组合起来的意义说它是指不正，所以歪也就是不正的意思。十分形象，也十分容易记忆。还有比较难的字"德"，它是由一个双人旁，"十""四""一""心"等几个部件组成的，十四个人一条心,这是中国人集体主义观念的一种表现,也是一种很高尚的品德,舍小家顾大家。同时还可以引出中华文化的部分。这样的尝试不妨多增加一些,会让整个课堂的气氛很轻松,学生的积极性也会很高。

(3)用猜字谜的方法引导学生思考汉字

课堂进行的过程可以利用谜语,比如说"屋里有个太阳(间),树下有一个男孩(李)"这些简单的容易明白的谜语,让学生进行小组讨论,最后公布答案,这样,他们的学习兴趣高,而且记得牢。如果想要联系自己教学的内容来进行谜语游戏,也可以将这一周里学过的字作为谜底来让学生感受到学有所用的成就感。这种做法是借鉴了由保加利亚精神病医学家和心理学家、教育家罗扎诺夫(G.Lozanov)于20世纪60年代中期创立的暗示法,通过字谜进行暗示提醒,开发人的身心两方面的潜力,激发高度的学习动机并创造最佳的学习条件,让学生在一种轻松愉快的状态下进行有效的学习。

(4)结合形近与音近字进行复习教学

汉字中形近与音近字很多,比如"拔"与"拨",它们只有一个笔画的差别。在教学中,我们可以利用已经学过的其中任何一个字,来教授另外一个字的字形。这样的教学一方面可以让学生对形近字有一个系统的认识,另一方面也是对已经学过的汉字的重新复习。同样,我们面对一个复杂的汉字的时候,比如"繁"字,教师可以通过拆分将"繁"分成"每""反""系"三个字来进行教学,在这个教学过程中,肯定有些汉字是已经学过的,所以利用教学的机会可以进行字意、字音、字形层面上的复习。通过不断地拆字、组字既可以复习已经掌握的汉字,还可以巩固没有完全掌握的汉字,又可以对新的汉字进行一个大体认知,这样"一举三得"的方法自然要大力地提倡。

(5)善于整合数字资源辅助于教学

21世纪是数字社会,整合一切可以利用的数字资源来服务于汉语教学,是每一个教学者应该要关注的事情。我们认为数字资源辅助教学可以分为三部分:一是利用计算机的软件与硬件,如利用可触摸的Smart Board让学生进行智能拼音输入法、游戏、学习等辅助学生学习;二是利用网络上的资源,包括游戏、图片、音频与视频资料等协助教师进行课堂教学;三是利用网络互动的优势,通过短信聊天、书写邮件、开办博客等让师生进行有效率的互动与反馈。邓恩夫妇编制的《学习风格调查表》从生理角度将人的学习类型分为视觉、听觉、触觉学习者。通过数字资源,我们可以利用图片、视频资料满足视觉学习者的需要,利用音像资料满足听觉学习者的需要,利用Smart Board硬件先进的触摸功能让触觉学习者的学习需要得到满足。所以利用计算机资源能够满足不同类型学习者的需要,是时代的需要。

2.汉字教学的案例分析

(1)教材分析

本课的教学内容是《爷爷的生日会》,教材内容中涉及的汉字有:好、吃、饭、桃、篮、荔、枝、菠、萝、亲。

（2）学生分析

分析对象是19个七年级的学生：6个没有学过汉语的外国学生；3个是从小出生在美国，而父母是中国人的学生；10个是学过了两年汉语的外国学生。在这些外国学生里：有1个是印度尼西亚语家庭的孩子；8个是西班牙语家庭的孩子；7个则是英语家庭的孩子。

（3）教学过程分析

步骤一：复习笔画的概念，让学生拿出自己的笔记本，将黑板上的汉字抄写下去。

步骤二：分别讲解汉字。"好"字以猜谜的方式引导学生进行思考，比如："妈妈和儿子站在一起"。站在一起代表了他们的结构，妈妈可以指代"女"，而"儿子"可以指代"子"。在教学初期，谜语一般都是由教师准备或创作，等到学生有一定的造句基础的时候，还可以鼓励学生自己创作谜语，让教师和其他同学来猜，这样他们也就真实地感觉到了运用语言的乐趣。

"吃、饭"是形声字。其中"吃"，"口"是意义，"乞"是字音。"饭"字的意义是与"食"有关的，而"反"则是读音。将形旁与声旁分开教学，一方面有利于学生理解记忆目标字。另一方面我们也可以把分解后的字进行分类：如果之前学过了，就可以进行复习教学，提高学习效率；如果没有学过，则可以结合已经学过的形近或者音近汉字进行类比记忆教学。

"荔、菠、萝"中都是植物类别的字，"桃、枝"都是和树木有关系的字。通过形声字的理据性的特点，我们在课堂上让学生明确，草字头，木字头的字的意义特征。等学生再碰到不认识的字的时候，他能够通过推测的方法，分析出汉字的意义是与什么有关系的，比如说"栗"字就知道是长在树上的东西，"蒿"字就知道是一种和草有关系的植物。

"亲"字我们在讲解的时候，可以通过画面的描述，如男女亲吻的时候会站起来，女孩子会不自然地踮起脚来，所以可以把"亲"解释为站在"木"上。这也许这并不是"亲"字的真正含义，但是通过意义的组合它的确把这个字的字形十分深刻地留在了学生的脑海里，达到了教学的最终目的。"篮"字的教学方法也可以用画画的形式，将这个字形表现出来，三个"竹"用图画的形式表现出来，二条竖线（丨丨）代表了篮子旁边的提手，"皿"字代表了它的底部。也许篮子本身是一个不太容易理解的字，但是通过图画，通过汉字的结构的拆分，我们可以把意义重新进行建构，这样十分有利于学生的学习记忆。

步骤三：进行汉字游戏。在讲解完汉字的字形、意义与读音之后，配合一些游戏，将这些汉字放置在游戏之中进行训练。首先，可以运用Bingo表格进行识字练习。其次，将学生分成不同的组别，进行苍蝇拍游戏，让学生在竞争中重复识字的练习。再次，利用网络上的汉字软件，教学汉字的具体写法，并且纠正自己刚开始写字时候的笔画与结构错误。还有就是利用计算机将今天所学的内容编辑入一个软件游戏中，让学生在计算机上进行测试，了解学生识字的水平。最后，通过听写，让孩子回忆学过的汉字的字形，并且进行重新复习。

（4）案例分析启示和思考

在这个教学案例中，我们结合了汉字教学的各种策略进行汉字形、音、义的讲解，并且把汉字的练习放在游戏中，能够适应欧美学生课堂喜好活跃的气氛，让学生在玩中学，在理解中进行记忆。最后，真正的汉字教学是一个十分复杂的工作，教师在日常的备课中要用很多的时间来进行准备。

二、国外对外汉字教学——以泰国春府大众学校为例

目前，全球"汉语"热方兴未艾。同属东南亚经济圈，自从1992泰国政府对华教实行开放政策以后，全泰国各地区的学校都开办起了中文课程。但是，汉字教学存在种种问题，同时也得不到重视。这里以笔者在泰国实习期间的调查及经验为基础，对泰国中部对外汉语汉字教学方法进行了探讨，对其现状以及存在问题进行了简要分析，并提出了相应对策。

（一）泰国汉字教学概况

自2003年泰国教育部向中国提出希望中国派遣教师到泰任教以来，汉语在泰国进入了快速发展时期。泰国华文教育大致分成两类：一是全日制学校，包括泰国高校和华侨学校；二是汉语培训机构，教学对象一般为社会人士。据统计，泰国共有1 100多所学校开设了中文课程，约56.7万泰国人在学习汉语。

（二）春府大众学校简况

大众学校位于泰国东部春武里府，是一所具有60多年历史的华校，全校固定的汉语教师有6人，均为华侨，其他汉语教师大部分是汉办志愿者，流动性较大。大众学校的授课对象为4岁到15岁的学生。该校开设汉语课程十几年了，拥有固定的教材和教学方法，汉字教学从幼儿园开始设置，小学以上的班级增设说话课、听力课，一星期大约有8节汉语课，每课50分钟，平均每天1节半课。该校五年级以上的学生就能识记并书写一定量的汉字了。

（三）学生在汉字学习中常见困难与常见偏误

1. 泰国学生在汉字学习中的常见困难

受母语影响深。泰语并不属于汉字文化圈，这就决定了泰语与汉语的差异性大。除了字形，泰语在语法上与汉语也有诸多不同，如定语后置、定语从句等，这也就增加了泰国学生学习汉语的难度，由此产生的母语负迁移等现象，也会影响学生的学习情绪。

受环境影响大。虽然泰国大部分学校开设了汉语课程，但是其中一些学校纯属跟风，看到友校开设了中文课，自己也聘请中文教师，但却只排极少的中文选修课，根本没有教

学大纲和良好的环境；此外，由于泰国许多华侨是从台湾地区过来的，这就使得街头许多店名上会出现繁体字、异形字，这在无形中会影响学生。

2. 大众学校学生在汉字学习中的常见偏误

以下是笔者在春府大众实习期间从小学1年级到6年级学生的平时作业和考试试卷里收集并归纳出的几类错误。

（1）将泰语书写的习惯迁移到汉字上

"第一天"的"第"字，在写下半部分的时候，学生很明显是画出来的。

"预习"的"预"字左半部分，有浓重的泰语书写痕迹。

（2）多添或少写笔画

"口袋"的"袋"字，学生多写了一撇。

"宽大"的"宽"字，学生在草字头下面多写了一横。

"身体"的"身"字，少写了两横。

"预习"的"预"字，少写了一点。

"进步"的"步"字，多写了一点。

"钢琴"的"琴"字，多写了一点。

"帮助"的"助"字，左边是"且"字，学生多写了一横。

（3）笔画书写不到位或书写过度

"鞋"的左半部分"革"，横过长，竖过短。

"课"字，书写不到位，没有竖到顶。

"量"字，最后一横应该最长。

"净"字，书写不到位，中间一横应该最长。

"助"字，横写得过短，将"且"写成了"目"。

（4）拆分笔画、结构错误、部首混淆、别字等

"量"字，被学生拆分笔画，"里"字的竖应该是一笔完成。

"硬"字右边的"更"，笔画被拆分，撇应一笔完成。

结构错误，"两"字被封口了。

部首错误，学生将部首"纟"错写成了"幺"。

别字，学生将部首"夂"写成了"又"。

别字，学生将部首"阝"错写成了"卩"。

别字，学生将"饺子"错写成"校子"。

在大部分泰国学生眼中，汉字是一个个"奇怪的图画""奇形怪状的图案""特别难懂的符号"，加上汉字笔画较多，字形相似，这就使得学生极易有上面所列举的添笔少画、拆分笔画、结构混淆等错误，并且出现"在写错汉字并被告知后，学生仍无法理解为什么自己写的是错误的"情况。

（四）学生在汉字学习中出现错误的原因分析

1. 受母语文字——泰文字负迁移的影响

几乎每一个泰国学生都会犯这种错误，初学者更甚。泰文字是拼音文字，它仅仅是一种记录语音的符号，并间接表达意义，汉字则是直接表达意义的文字，并通过声符表音，汉、泰两种文字处于完全不同的文字系统中。通过对比可以看出，两种语言的差异度约为95%。因此，刚开始学习的时候，在汉字书写方面，学生不按照笔顺书写，或将汉字一笔写完，或将汉字书写变成绘画的现象也就不足为奇了。

2. 汉字结构的复杂性

与英文、泰文等线性文字不同，汉字是方块形的二维文字，集音、形、义于一体，小小的"方块"甚至还承载了历史文化信息。汉字的结构相似度越高，汉字形体所提供的分辨率就会越低，而分辨率越低，模糊度就越高，书写时容易出错的概率也就越大。因此对于母语为线性文字且其文字结构方式几乎一致的泰国学生来说，出现多添少写笔画的现象也就不足为怪了；此外，有些汉语教师本身的汉字书写习惯和失误也是造成学生出现偏误的原因之一。

3. 受"第一印象"的影响

学生在学习汉字时，对汉字整体形状的认可往往快于对汉字局部的认可，即所谓的"第一印象"。一般来说，汉字起源于图画，当初的图画根据不同时代的特点演变成今天的样子，汉字构型可以说已经固定了。但是，外国的汉语学习者并不了解这一点，这就造成了他们在书写汉字时的随意性，即书写过度或书写不到位。

4. 大众学校汉字教学本身的不完善

大众学校汉字教学的不完善主要体现在汉字教学没有系统化，缺乏对学生进行汉字学习的有效指导。泰国汉语教师的地域性和中国汉语教师的流动性，使得该校对汉字教学"教什么"和"怎么教"一直没有明确统一的认识。此外，学校在学生"如何学"的问题上也存在不足。大众学校是从小学到初中，所有的汉语课程设置都是一样的，教学没有针对性。

（五）针对大众学校汉字教学的方法和对策

汉字教学是实用科学。我国在经历了几千年的识字教学的历史后，本身就已经积累了丰富的经验，比如分散识字、集中识字以及注音识字、韵文识字、字谜识字等，这些教学法我们都可以尝试。根据上文的论述以及存在的问题，笔者总结了以下的教学方法。

1. "以字为本"教学法

目前汉语教学界常用的汉字教学法是随文识字、随词识字，把汉字的识认、记忆、书写作为课文生词学习的附庸。但是，汉字具有拆分性，如学生知道牛奶的意思，但却不知道"牛""奶"分别是什么意思，以至于造出"小宝宝在喝妈妈的牛奶"这样的句子。所以，我们在教学中，应把重点放在字的教学上。由张朋朋、白乐桑二人合著的《汉语语言文字启蒙》说道，"汉语的一个重要特点是，汉字是表意文字，个体突出，以单个汉字为基础，可以层层构词"。在汉语中，97%的语素是单音节的，它们与汉字基本上是一对一的关系，汉字的句法结构序列是：字—词—句子，泰语的句法结构序列是：语素—字—词—句子。对比可见，"以词为本"的教学方法并不是非常适用于对外汉语初级教学的。

2．联系教学法

对于泰语来说，每一个构词部件之间是完全没有联系的。但是汉字是表意文字，字形与意义有密切关联，我们可以通过字形分析理解其意义。同时，汉字是音、形、义的统一体，在进行联想教学时可以以此为切入点：① 音方面，通过总结不同汉字的相同音字符，让学生能通过同音的字符来联想和猜测字音，从而能够更好更有效地学习和识记生字。如以"主"为同音字符，就可以联想到住、驻、注、柱、蛀等声母韵母都相同、音调不同的字；以"扁"为字符，可以联想到编、遍、匾、煸等声韵相同音不同的字。② 形和义方面，也就是通过汉字的结构推测其含义，以帮助学习者识记生字、生词。汉字除了象形，它本身还会意，所以我们可以其两个特点结合起来教学。如当学生学会了"木"字本身的含义后，再遇到带有"木"的生字，我们就可以引导他们进行猜测和联想，如林、森、根、本、树、桌、椅、栏、杆等，这些字都有"木"，所以都和"木"有关。

3．溯源讲解

汉字普遍难记难写，不仅仅因为汉字笔画多，结构复杂，还因为汉字存在多音多义现象，如"音乐""快乐"。因此，教师可以尝试归根溯源，从汉字的产生及演变着手，适当利用汉字的"六书"来进行教学。例如："舌"，古汉字为，上半部分是鼻子，中间是嘴唇，最下面就是"舌头"了，非常形象；再如"休"，古汉字是，左半部分像一个"人"，右半部分是"树"，人靠在树上，就是"休息"的意思；再难一点的如"折"，古汉字为，左半部分像树杈，右半部分是斧头，左半部分原来是这样的，现在被斧头砍成了这样，"折"的意思就很明显了，意为弄断、断。除此以外，山、火、日、月、鱼、水等汉字通过"六书"讲解，学生肯定会印象深刻，记忆牢固。诚然，汉语中并不是每一个字都能通过溯源来讲解，但通过一些最基本的溯源讲解，借此激起学生对汉字的兴趣，激发他们学习汉字的动力，这本身也有利于汉字教学。

4．生活化记忆

许慎在《说文解字•叙》中说："盖文字者，经艺之本，王政之始，前人所以垂后，后人所以识古。"文字是历史文化构成的一部分，脱离了日常生活，文字就失去了历史性。

因此，我们应使汉字教学生活化。在语音方面，人们之所以能用母语流利地表达，是因为有一个纯语言学习的环境。因此，我们可以尝试着将汉语带入泰国学生的生活，在课外多创造能让学生使用中文的机会，如中国传统游戏周、中文歌曲比赛等。字形方面，由于许多汉字间的差别细微，就算利用溯源的方法学生也很难准确记忆，但与生活结合，识记难度就大大降低了。例如，"未"和"末"，前者的意思是"没有"，我们就可以说"未来"指的是还没有到来的时间，现在离你们长大还很远很远，所以"未"字的第一横短，在未来，你们会长大，所以第二横长；而"末"指事物的尽头，刚开学时，学生用的铅笔还很长，但是到了"期末"，铅笔变短了，所以"末"的第一横长，第二横短。总之，汉字教学的方法不是千篇一律的。在教学过程中，我们不仅要从学校整体情况着手，还要重视学生的主体性，培养学生的主动性。毕竟教学不是一个单一的过程，而是双向的，只有互动，印象才会深刻；只有深刻，教学才有效果。

（六）结语

这里主要以泰国春府大众学校学生在平时作业所出现的偏误为对象，在借鉴了汉语国际教育相关研究的基础上，针对学生出现的这些偏误进行了分析、探讨，并为大众学校提出了相关的解决方法和对策，希望能以此为国际汉语教育中的汉字教学提供一定的参考。但是，鉴于笔者的汉语水平和知识能力有限，文中存在的不足，还有待于在以后的教学实践中继续探索和不断完善。

第三节　对外汉字教学研究概况

本节以第五届国际汉语教学讨论会为界，分前后两期评述现当代对外汉字教学与研究发展概况；按对外汉字教学研究内容，分专题评述对外汉字教学研究取得的成果。

汉字是汉语的书写符号系统。要学习汉语，特别是要获得汉语读写能力，必须学习汉字。要学好汉语，必须尽可能多地掌握汉字。中国人如此，外国人也如此。因此，汉字是对外汉语教学的重要内容之一。与拼音文字相比，汉字体系庞大，形体众多，结构复杂，读音、意义也很复杂。对于非汉字文化圈的外国人来说，汉字往往是他们学习汉语最大的困难点。对于对外汉语教师来说，教汉语不能不教汉字，如何让外国学生消除畏难情绪，使他们更快、更多地学会汉字，也不是容易的事情。因此，对外汉字教学是对外汉语教学中重要而困难的部分，对外汉字教学研究是对外汉语教学领域研究的重点之一。了解对外汉字教学与研究的历史与现状，有利于对外汉字教学与研究的发展。

一、对外汉字教学发展与研究概况

对外汉字教学自古就有，不过，古代留下关于对外汉字教学与研究的文献资料较少。因此，这里只谈现当代对外汉字教学与研究的一些情况，在迄今为止的现当代对外汉字教学与研究的发展，可以20世纪90年代中期第五届国际汉语教学讨论会为界，大体分为前期和后期两个阶段。

（一）前期

一般来说，以往的对外汉字教学主要在基础阶段进行。较早的基础汉语教材，起始阶段都有一些汉字教学的内容，讲授笔画、笔顺、结构分析等简单的汉字知识，课后有带字形分析的《汉字生字表》，如邓懿主编的《汉语教科书》。20世纪80年代以后，大部分基础汉语教材，让汉字教学部分单独成册，与其他各册配合使用，汉字教学内容较以往充实，如北京语言学院编写的《基础汉语课本·汉字练习本》、刘岚云编写的《初级汉语课本·汉字读写练习》、邓懿主编的《汉语初级教程》第四册。特别值得注意的是，国内外部分同行，在改革现行对外汉语教学体系，理顺汉字教学和语法、词汇教学关系方面，进行了大胆的探索。1989年10月，白乐桑（法）、张朋朋合作编著的《汉语语言文字启蒙》在法国出版。该教材把汉字看作汉语的基本单位，把汉字的形、音、义和以字组词作为教学中心内容，在建立以汉字教学为纲的汉语教学体系方面开了先河，引起世界汉语教学界的注意。此后，国内也出版了张朋朋的《现代千字文》。不过，这一时期编写的基础汉语教材，也有极个别根本没有汉字教学内容。到了中高级阶段的汉语教材中，除了课后有少量辨字组词之类的练习以外，几乎见不到汉字教学的内容。似乎在初级阶段把汉字形体的基本知识告诉学生，帮助他们掌握笔画、笔顺等基本书写技能以后，汉字教学就大功告成了。如何使学生更多、更快、更容易地掌握汉字的读音、意义，如何进一步扩大识字量，似乎已不在考虑范围之内。那么，教学设计者把基础阶段以后的汉字教学任务交给谁去承担了呢？可能是交给词汇教学了。词汇教学是否承担起这一沉重的任务了呢？这因人而异，似乎只有少数重视汉字教学并且有一定汉字学知识的教师，会自己增加一些汉字教学的内容，在讲授合成词时会采用分析的方法，在先讲授构词字字义的基础上讲授合成词的词义。

进入20世纪90年代，为了满足留学生对选修课的需要，也出现了专门以中高级留学生为对象的通论性汉字教材，如张静贤的《现代汉字教程》、李大遂的《简明实用汉字学》。《现代汉字教程》讲授现代汉字，注重应用；《简明实用汉字学》则全面介绍了有关汉字的基本知识，贯通古今，理论与实用兼顾。这一时期，不少从事对外汉语教学的学校开设了选修的汉字课。在对外汉字教学的研究方面，前期研究的重点是教什么、怎么教，取得了一定成果。1985年，北京语言学院语言教学研究所编制了《汉字频度表》，根据汉字使用频度的高低，为4 574个字分级。1992年国家对外汉语教学领导小组办公室汉语水平考试部发表了《汉语水平词汇与汉字等级大纲》，将 2 905 个常用字分为甲、乙、丙、丁四级。为不同阶段汉字教学教哪些字提供了依据。张亚军《对外汉语教学法》、盛炎《语言教学原理》、吕必松《对外汉语教学发展概要》《对外汉语教学概论》、赵贤州，陆有仪《对外汉语教学通论》等关于对外汉语教学的专著，都有汉字和汉字教学的内容。有的设有专章或专节论述汉字的特点、汉字教学的内容和方法等，但篇幅都较小。这一时期，也发表了一些专门研究汉字和汉字教学的论文，研究的重点是如何突破汉字难学、难教的问题，教学经验总结性文章占有不小比重，可以说研究者的眼光主要在方法技巧层面。不过，由于种种原因，对外汉语教学界同行在汉字和汉字教学的研究方面投入的精力较少，相对于汉字教学这一重点和难点来说，发表的论文不多。据统计，截至 1996 年底，《世界汉语教学》《语言教学与研究》《汉语学习》刊载的论文和第 1～5 届国际汉语教学讨论会见于目录的论文共计 4 427 篇，有关汉字和汉字教学的论文只有 158 篇，仅占论文总数的 3.6%。其中《世界汉语教学》《语言教学与研究》大约每两期才有 1 篇关于汉字和汉字教学的论文，《汉语学习》大约每 5 期才有 2 篇关于汉字和汉字教学的论文。3 个对外汉语教学专业刊物的论文和 5 次国际汉语教学讨论会的论文，可以大体反映世界汉语教学界同行对汉字和汉字教学研究的状况。3.6% 的比例，应该可以说明汉字和汉字教学研究薄弱的程度。

从以上情况看出，在相当长的时期内，与其他语言要素教学相比，汉字教学和研究一直是对外汉语教学领域的薄弱环节。为什么会出现这种局面呢？主要得从指导思想上找问题。不可否认的是，之前的对外汉语教学，基本上是以西方语言学和语言教学理论为指导的。在西方语言学和语言教学理论中，文字和文字教学从来就算不上问题，文字和文字教学的研究几乎无地位可言。对外汉语教学及其研究基本以西方语言学和语言教学理论为指导，对汉字和汉字教学重视的程度难免偏低。此外，汉字和汉字教学研究难度确实较大，一些同行有意无意地回避这个难点，可能也是事实。

（二）后期

20 世纪 90 年代中期以后，汉字和对外汉字教学的研究出现了可喜的转机。在 1996 年召开的第五届国际汉语教学讨论会上，有关专家学者针对以往对外汉字教学内容薄弱、研究滞后、身处困境等问题，不约而同地发出要重视汉字和汉字教学研究的呼吁。许嘉璐在题为《汉语规范化和对外汉语教学》的发言中指出："对外汉语教学中的汉字教学到了集中力量好好研究的时候了。"法国汉语教师协会主席白乐桑在题为《汉语教材中的文、语领土之争：是合并，还是自主，抑或分离？》的发言中指出："当前对外汉语教学面临着危机。汉语教材虽然在一些方面有改进，可是因为大部分教材没有抓住汉语教学中最根本的问题（即怎样处理'字'这一语言教学单位），认为对外汉语教学仍然处在滞后的状态。"他又说："无论在语言学和教学理论方面，还是在教材的编写原则方面，甚至在课程设置方面不承认中国文字的特殊性以及不正确地处理中国文字与语言所特有的关系，正是汉语教学危机的根源。"德语区汉语教学协会会长柯彼德也有相似的看法，他在题为《汉字文化和汉字教学》的发言中说："汉语教学今天面临的最大的挑战：一方面是文化和语言教学的融合，另一方面是汉字的教学。如果不接受这两场挑战并马上寻找出路，汉语教学恐怕没有再向前发展的可能性。"如何认识汉字教学在整个对外汉语教学中的地位，如何突破汉字教学这一难点，如何改变汉字和汉字教学研究滞后的局面，使对外汉字教学走出困境，成为对外汉语教学界亟待研究的课题。

1997年6月，国家汉办在湖北宜昌召开了首次汉字和汉字教学研讨会。1998年2月，世界汉语教学学会和法国汉语教师协会联合在巴黎举办了国际汉字教学研讨会。在这两次学术会议上，与会专家学者就汉字教学的地位、任务、方法等问题，进行了深入热烈的讨论。会后出版了《汉字与汉字教学研究论文选》。此后，汉字和汉字教学研究出现了一个高潮。关心对外汉字教学的刊物多了，《北京大学学报》等有影响的学术刊物，也开始关注对外汉字的教学与研究。在有关对外汉语教学的刊物上，汉字和汉字教学研究的文章逐渐有所增加，研究的深度和广度也大大提高。同时，也出现了一批以初级留学生为对象的汉字教材。其中，有的是为单独开课而编的汉字教材，如周健等编写的《外国人汉字速成》、施正宇的《汉字津梁》、柳燕梅的《汉字速成课本》等。有的虽与其他教材配套，但较以前的配套汉字教材要细，达到可以单独开课的规模，如张静贤的《汉语普通话教程·汉字课本》、张朋朋的《新编基础汉语·识字篇》和《新编基础汉语·写字篇》等。很多学校开设了选修的汉字课。在这期间，有些国外出版的汉字教材被引入国内，如白乐桑、张朋朋合编的《汉语语言文字启蒙》中国版。有些国内出版的汉字教材被翻译为外文在国外出版，如李大遂著《简明实用汉字学》，由李容诚全书译为韩文，在韩国出版了韩文版。值得重视的是，这期间开始有人对对外汉字教学进行全面深入的研究，万业馨的"对外汉语教学中的汉字教学研究"被立为国家哲学社会科学基金项目，现已完成。这说明汉字教学越来越受重视，汉字和汉字教学研究成果逐渐增多，使我们看到汉字教学走出困境的希望。

二、对外汉字教学研究的主要成果

对外汉字教学研究的成果包括论文、专著和教材。有关对外汉字教学的教材以及相关的专著，在前面已经列举过了，这里不再重复。根据已有对外汉字教学研究论文的内容，我们从"汉字教学与汉语教学关系研究""'字本位'与'词本位'的讨论""汉字教学内容和方法研究""对外汉字教材编写研究""汉字本体研究""留学生汉字学习特点和规律研究"六个方面进行介绍。

（一）汉字教学与汉语教学关系研究

以往汉字教学内容薄弱，研究滞后，关键是对汉字教学与整个汉语教学的关系缺乏清楚的认识，没有给汉字教学以应有的地位。有关汉字教学与汉语教学关系的主要文章有：李培元、任远《汉字教学简述》、白乐桑《汉语教材中的文、语领土之争：是合并，还是自主，抑或分离？》、吕必松《再论汉字教学与汉语教学》、陈绂《谈汉字及汉字教学》、李大遂《从汉语的两个特点谈必须切实重视汉字教学》、李大遂《关于对外汉字教学如何走出困境的思考》等。汉字教学与汉语教学关系的研究，也包括汉字教学与其他语言要素教学的关系研究。这方面的主要文章有：李大遂《略论汉语字词关系》、陈绂《谈对欧美留学生的字词教学》、谢文庆《谈汉字对汉语词汇的影响》、卢福波《试论汉语教学中字、词、语、句的内在联系》、李芳杰《字词直通，字词同步——关于基础汉语阶段字词问题的思考》等。

（二）"字本位"与"词本位"的讨论

对外汉语教学应该采用"字本位"还是采用"词本位"，是近年来讨论的热点之一。参与讨论者多对"字本位"持支持态度。讨论始自法国出版的白乐桑、张朋朋合编的《汉语语言文字启蒙》一书。该书被视为"字本位"汉语教学新路子的代表，从而引发"字本位"与"词本位"的讨论。侧重从教学实践出发论证"字本位"教学路子合理性的主要文章有：张朋朋《汉语语言文字启蒙》、张朋朋《词本位教学法和字本位教学法的比较》、王若江《由法国"字本位"汉语教材引发的思考》、贾颖《字本位与对外汉语词汇教学》等。从语言理论角度论证"字本位"科学性的主要文章有：徐通锵《"字"和汉语的句法结构》、徐通锵《"字"和汉语研究的方法论——兼评汉语研究中的"印欧语的眼光"》、潘文国《"字"与 Word 的对应性》（上、下）、孟华《"字本位"理论与汉语的能指投射原则》等。

（三）汉字教学内容和方法研究

汉字教学教什么？怎么教？是汉字教学首先应该明确的。侧重汉字教学内容的主要论著有：国家对外汉语教学领导小组办公室汉语水平考试部《汉字等级大纲》、常宝儒《汉语教学常用汉字的优选问题——前 1 000 个高频字的对比分析》、易洪川等《从基本字表的研制看汉字学与汉字教学》、卞觉非《汉字教学：教什么？怎么教？》、周健《论汉字教学的阶段性策略》等。侧重汉字教学方法的主要文章有：王学作《汉字图表教学法浅谈》、王学作《析字教学法》、李文治等《字素拼合法在汉字教学中的作用》、施光亨《对外汉字教学要从形体入手》、柯彼德《关于汉字教学的一些新设想》、陈仁凤和陈阿宝《一千高频度汉字的解析及教学构想》、费锦昌《对外汉字教学的特点、难点及其对策》。

（四）对外汉字教材编写研究

有关汉字教材编写的文章不太多，主要有：肖奚强《汉字教学及其教材编写问题》、张静贤《关于编写对外汉字教材的思考》、张惠芬《汉字教学及其教材编写》、翟汛《关于初级汉语读写课中汉字教学与教材编写的思考》、周健《汉字教学策略与汉字教材编写》等。

（五）汉字本体研究

汉字本体研究范围很广，但对外汉语教学界的汉字本体研究相对集中，主要集中在字形结构研究和形声字研究两个方面。由于不少现当代文字学家主张文字学主要是字形学，且长期以来，对外汉语教学界对汉字教学任务的理解也主要在教学生掌握汉字形体，故对外汉语教学界的汉字本体研究尤重字形结构研究。字形结构研究又可分为笔画笔顺研究和偏旁部件研究两个方面。关于笔画笔顺研究的文章不多，主要有：张静贤《现代汉字笔形论》、万业馨《汉字笔顺刍议》、易洪川等《笔顺综合研究及留学生用笔顺规则》等。

汉字字形结构的中级结构单位——偏旁或部件，是汉字字形研究的重点。如何对汉字中级结构单位进行分析，在教学上分为两派。一派使用新兴的部件分析法，一派使用传统的偏旁分析法。新兴的部件分析法是受计算机汉字拼形编码输入法的启发而提出的，其良好愿望是将教学上的汉字结构单位与计算机形码输入的结构单位统一起来，以便利用计算机辅助汉字教学。部件分析法一派内部其实极不统一，有的倾向无理切分，撇开字音和字义，对汉字进行纯字形的部件（亦称"字素"）分析；有的多少顾及一点音义；有的倾向有层次切分；有的虽使用了"部件"这个名称，但实质上与偏旁分析法别无二致。主张部件分析法并对此进行研究的主要文章有：张普《汉字部件分析的方法和理论》、张旺熹《从汉字部件到汉字结构——谈对外汉字教学》、卢绍昌（新加坡）《汉字部件的研究》、费锦昌《现代汉字部件探究》、崔永华《汉字部件和对外汉字教学》《关于汉字教学的一种思路》、黄沛荣《汉字教学》、梁彦敏《现代汉字部件变形分析》、万业馨《汉字字符分工与部件教学》《文字学视野中的部件教学》等。传统的偏旁分析法成熟统一，既考虑到汉字的外部结构，也照顾到汉字的内部结构。分析的原则是：以"六书"理论为指导，尊重汉字体系自身的系统性，为学生利用偏旁学习合体汉字的读音和意义打基础。不过，现在主张汉字教学采用传统偏旁分析法的人不多，主要文章有：李大遂的《汉字内部结构与汉字教学》《关于合体字结构分析问题——部件分析法和偏旁分析法的初步比较》《简论偏旁和偏旁教学》等。

汉字本体研究的第二个主要方面是形声字研究。形声字研究又主要集中在形旁和声旁研究上。这方面的主要文章有：施正宇《现代形声字形符表义功能分析》《现代形声字形符意义的分析》、顾安达（德）《汉字偏旁表义度探索》、潘先军《形旁表意功能在留学生汉字学习中的负迁移及对策》、孟坤雅（德）《声旁能不能在对外汉字教学中发挥作用？——声旁问题的再考察》、万业馨《略论形声字声旁与对外汉字教学》、李大遂《略论汉字表音偏旁及其教学》等。

汉字本体其他方面研究的主要论文还有：史有为《汉字的性质、特点与汉字教学》、石定果《会意汉字内部结构的复合程序》、李大遂《常用汉字义系字族表》等。

（六）留学生汉字学习特点和规律研究

研究留学生汉字学习特点和规律的论文，可以大体分为认知规律的研究与调查和难点与偏误分析两大类。代表性论文有：王碧霞等《从留学生识记汉字的心理过程探讨基础阶段汉字教学》、石定果《从认知科学看对外汉字教学》、石定果、万业馨《关于对外汉字教学的调查报告》、冯丽萍《汉字认知规律与汉字教学原则》、孙琳（葡）《汉字习得与汉字教学实验室》、姜丽萍《基础阶段留学生识记汉字的认知过程》、徐子亮《汉字的认知及教学方法》、施家炜《来华欧美留学生汉字习得研究教学实验报告》、徐彩华《汉字认知研究的新进展与汉字教学》、施正宇《外国留学生字形书写偏误分析》、江新等《初级阶段外国留学生汉字学习策略的调查研究》、高立群《外国留学生规则字偏误分析——基于中介语语料库的研究》、印京华（美）《美国大学生记忆汉字时使用的学习方法——问卷调查》、冯丽萍《非汉字背景留学生汉字形音识别的影响因素》、李大遂《中高级留学生识字量抽样测试报告》等。

除以上几方面研究以外，还有汉字文化等方面的研究。其主要文章有：胡双宝《汉字的文化蕴含与汉字教学》、张德鑫《关于汉字文化研究与汉字教学的几点思考》、徐甲申《关于汉字书法课中的几个关系问题》等。

三、结束语

纵观对外汉字教学及其研究的发展，我们由衷地感到高兴。因为对外汉字教学已经受到较为广泛的重视，并且在教学实践与理论研究方面都取得了可喜的成果。我们有理由预见，在未来一段时间内，汉字和汉字教学仍将是对外汉语教学领域讨论的最大热点之一。但是，毋庸讳言，就对外汉字教学现在的发展和研究水平而言，对于对外汉字教学这一重大课题来说，还是远远不够的。要使汉字教学真正走出困境，取得长足的发展，除了对外汉语教学有关领导部门机构要进一步给予重视以外，还需要有更多的人关心并参与研究，并且在以下几个重要方面取得较大进展。其一，全面正确理解汉字教学的任务。汉字是形音义三位一体的文字，字形的教学与研究是重要的，汉字教学从字形入手也是正确的，但对外汉字教学的实践与研究局限于汉字形体，则是片面的、错误的。要尽快纠正轻视汉字音义教学的偏误，充实字音字义教学内容，并切实加强字音字义教学的研究。其二，加强汉字本体研究。庖丁透彻地了解牛，然后能游刃有余地解牛。教师要教好汉字，首先要对汉字这个符号系统有清楚的认识，特别是要对汉字内在的音义系统有清楚的认识。有了这个基础，才可能发掘利用汉字体系内在的系统性，探索出无悖于汉字学常识的、有效的汉字教学方法和技巧。其三，要进一步加强对留学生汉字学习特点和规律的研究，特别是非汉字文化圈留学生汉字学习特点和规律的研究。对外汉字教学要有的放矢，要取得最佳效果，就要深入了解留学生汉字学习的特点和规律。留学生汉字学习研究成果，是对外汉字教学乃至整个对外汉语教学整体设计的重要依据。其四，从理论和实践两方面，大胆探索符合汉字教学特点和规律的对外汉语教学新路子。对外汉字教学长期处于困境的主要症结是，现行汉语教学体系未能在整体设计上处理好汉字教学和结构教学、功能教学的关系。寻求一种按汉字和汉字教学特点和规律教授汉语汉字的新汉语教学体系，是摆在我们面前重要而紧迫的课题。如果不能从理论上建构新体系，编写出体现这一体系的成套教材，并付诸多样本大面积的教学实践，让汉字教学走出困境只是一句空话。如果我们未来能在以上几方面投入足够的力量，并取得成果和突破，对外汉字教学与研究就能更上一层楼。

第五章 对外汉字教学方法研究

第一节 论汉字笔画观和汉字结构认知的先决性

  培养汉字的笔画观和对汉字结构的认知，应该成为起始阶段汉字教学的必要内容。本节分为三个部分：一是汉字笔画观的培养和建立，讨论针对母语为拼音文字的外国学生如何进行文字体系观念的转化，以争取早日建立线条文字的全方位概念。二是关于汉字结构的认知，讨论如何让外国学生从看似纷繁无序的汉字中梳理出头绪，认清汉字结构的层次性和明晰性。三是起始阶段汉字认知和汉字学习分开进行，结合实际教学的一些做法。

  对于汉字教学在对外汉语教学中的重要性大家已经取得了共识，甚至有人认为汉字教学在很大程度上左右着对外汉语教学的成功与否，左右着学生的学习兴趣、学习动力、学习方法、学习效率。事实证明，在汉语学习的初级阶段，如果没有把汉字教学当作重中之重，如果没有给学生打好汉字认读和书写的基础，学生即使进入中高级阶段的学习，也仍然非常吃力。这种吃力不仅表现在书面认读的能力上，而且也表现在口语和听力上。近年来，研究汉字教学的文章越来越多，笔者收集了2003—2009年发表在学术期刊以及重要论文集中的有关汉字研究的文章，共有132篇。这其中大多从汉字本身的结构规律、结构特点、形音义关系等方面探讨汉字教学和汉字习得。其中有12篇探讨了基础阶段的汉字教学问题，强调了基础阶段汉字教学的重要性。然而就目前来看，对外汉字教学尤其是针对西方学生的对外汉字教学依然不理想，这体现在很多学生经过半年到一年的汉语学习，依然对汉字规律缺乏认知，仍然把汉字看作一堆毫无规律的线条堆积。笔者认为，汉字教学应该随汉语教学的开始而开始，养成认知和书写汉字的良好习惯。在汉字的起点阶段，培养汉字笔画观以及对汉字结构的认知是学好汉字的先决条件。

一、汉字笔画观的培养和建立

  汉字与西方文字体系完全不同。"对母语为拼音文字的学习者而言，汉字学习有一个从单向线形排列到二维平面结构，从形音联系到形音义结合，从表音文字到表意文字的转变过程。我们应该充分利用留学生原有的学习和生活知识来分析教学汉字，帮他们尽快适应方块汉字的辨认和学习方式。""汉字的字形在外观上是一种全方位立体组合的方块结构。说它是全方位的，是因为汉字可以有上下、左右、内外、中心与四角各种方式的组合。在内部结构上，汉字可以分为独体、合体两大类，由笔画直接组成或由笔画、偏旁组成。但拼音文字的字形在外观上是一种平面组合的线形字符列，它只有先后顺序，而没有上下、内外、中心与周边的错综关系。"我们不能小看这种转变，它不是一朝一夕可以完成的，也不是自然而然能过渡好的。只有完成了这种转变，其思维方式才能得到转变。我们知道，汉字中的笔画、顺序、偏旁以及这些元素的组合方式，都集中表现了汉民族认识和反映客观世界和主观意识的思维轨迹。"这种思维轨迹是学习汉语者应该了解的必要知识，也是学习汉语者或深或浅必然要经历的认识过程。"

（一）笔形认知

学会基本笔画的认知，接受汉字方块作为二维文字的特性。汉字的特点之一就是笔画分散和不实行连写，主要表现在断笔和方向上。汉字是由横、竖、撇、点、折等笔画组成的，每画独立。笔画向四周辐射，形态多种，笔势无定，向一起配合时要一画一画地写，笔画与笔画之间要有停笔，一般是每画都要有一起一落的过程。而拉丁字母系统的文字，主要由点、直线、弧线构成，可以"一路圆弧写到底"。另外，汉字的运笔方向有多种，横竖撇捺、勾点斜笔，不像拼音文字那么简单明了。因此看似简单的汉字基本笔画，在西方人看来就显得很神秘，很难记忆。虽然关于认读汉字，一开始是一种整体和形象的认知，但如果能结合对这些建筑元素的识别，则非常有利于日后的汉字学习。就像我们认识一座建筑物，如果你是一个游客，一开始是对整个建筑的特点和结构有一个认知，但如果你作为一个设计师和建筑师，则需要一开始就清楚每块材料的作用和用途。

要想实现这一点，必须有意识地加强训练。我们看到，即使用毛笔按照笔顺规则训练了20个课时以后，仍然有学生在写汉字的竖笔时，从下往上起笔。在写捺笔时，从右下往左上起笔。加上很多西方人左手书写的习惯，因此这个训练应当有一个适当的过程。我们建议在编写汉语教材时，将汉字笔画与拼音提到同等重要的位置。一般的汉语教材和汉语教学，都用一些课时解决拼音问题，在学习拼音的同时，有的也安排一些最简单的日常用语。那么同理，在学习拼音的同时，或者拼音阶段以后，就应该安排笔画教学，与此同时也结合一些最简单的汉字学习，比如一、二、三、十、人、大、土、干等。

（二）笔顺认知

接受汉字从左向右、从上到下、从外到内等笔形的基本书写顺序。母语学习者常常觉得这个顺序很简单，其实汉字笔顺是个很复杂的工程。举一个最简单的例子，我们在写"十"的时候，并没有感觉到规则有什么问题。但对于西方学生来说，这里左右、上下就发生了矛盾。是先服从从左到右，还是先服从从上到下呢？再如写"木"的时候，有的学生将横笔、竖笔完成后，不是从他们的交点出发写撇笔和捺笔，而是写撇笔的时候，从左下起笔去找横竖的交点,写捺笔的时候,从右下起笔去找横竖交点。因为撇、捺本身就是个矛盾的统一体,上下左右交织在一起,我们就又变得服从先上后下了。那么提笔呢?又要从左下到右上。最基本的笔画和汉字都潜藏着这样多的规则,再加上折笔笔形就更复杂了。据国家语委公布的《GB13000.1 汉字字符集折笔规范》汉字折笔有 25 种,加上各种折笔变体可达 36 种之多。为了培养这种笔顺习惯,必须辅以大量的笔画和笔顺练习。因此,在进行有关训练之前,我们不主张过早接触汉字,尤其是结构比较复杂的汉字,而应该将笔画、笔顺的这种观念树立起来。

(三)笔画数认知

单笔笔画数的问题比较简单,关键是对折笔的认知,接受汉字断连概念,从而达到正确数笔画数的目的。笔画数与书写有着直接的联系,如果能够正确书写笔画(包括单笔和复笔笔形),那么数起笔画数来就相对简单了。我们也可以在学习笔画和笔顺的基础上,有意加强对汉字笔画数的认知。据现代汉字学研究的成果统计,汉字中使用率最高的部件是"口",为什么"口"是三笔而不是四笔或两笔乃至一笔呢?事实上,外国学生很少将它写成三笔,接受起三画的观念来,也是十分困难的。这里面有什么规律吗?为什么第一笔不能是"⌐"呢?汉字"扎"右侧,就是这样的一笔笔形,再如"号"的最后一笔,"马"的第二笔,最典型的是"凶"和"区"的外围结构"凵"也都是作为一笔的。这里就有一个另外的规则,那就是封闭型或半封闭型(下开口)汉字的写法,它们有多个交点,第一个交点应取最高最左的那个,这样我们就要先立左边的单笔笔形,然后是横折,因为是横笔往右顺势下滑,这里没有断笔,应看作一笔。而这样的规则不是简单的从左到右、从上到下一句话可以概括得了的。掌握了这个规则,那么无论是扁口、大口,还是"高"的下半部分,就很容易识别起笔以及笔画数了。

(四)笔形组合认知

笔画一定要与另外的笔画相结合才能成字(单笔字除外),而笔形的组合在书写上也是有顺序的。我们通常所说的几种顺序远远不能满足对西方学生教学的需要,因此需要细化笔形组合原则。除单笔外,两笔和两笔以上的字都有个笔画组合问题。现代汉字中,根据笔画之间的空间关系,可以分出三种笔画组合类型。

散列式(相离关系):三、川、八、小、令。
联结式(相接关系):人、巨、幺、口、正、血。
交叉式(相交关系):九、才、丰、井、文。

有人作了更细的分析,如交叉又分为横竖交叉、竖横交叉、撇捺交叉、上下互叉、左右互交、内外上交、外内下交等。"由于现代汉字大多数笔画在 9 画左右,这就决定了笔画之间不是单一组合模式,而是复合式,即同一个字的笔画之间可以有多种关系,如鱼、比、身、责、噩、鬼、现、是、笔、清、概、法、联、想"等。汉字笔画的组合不是杂乱无章的，而是有规律可循的，据分析统计，横笔和点笔的组合频率最高，撇笔和点笔出现的位置最活跃，钩笔与其他笔形组合时笔形变化最多，捺笔与各种笔形组合率最低。

经过一段时间的训练，学生应该熟知这些结构，看到这些组合和结构不再感到杂乱无章，而是感到其组合的层次性和清晰性。

二、关于汉字结构的认知

有关心理学研究证明，母语为汉语的人认知汉字，由于熟知汉字的基本结构，一般是在心理上将汉字切分为不同结构，观察一个汉字，首先想到它是上下、左右、包围、半包围或者不可拆分等结构的层面。尤其是其中含有一个和多个熟知部件时，他往往能记住这个部件的位置。我们在描述一个忘记写法的汉字时，常常说"左边是个提手旁，右边好像上面是口，下面记不清了"等这样的话。而母语为非汉语的人常常观察汉字是靠整体性感知的。也就是说，他们首先接受整个汉字结构。这在思维科学领域叫作"完形"。对于汉字认知过程来说，这里首先碰到一个问题就是：汉字整体结构分解之后，对于认知者来说，先是急于将被破坏的"完形"恢复起来，也就是将不完整的形状恢复到"完形"的认知努力。"掌握这一视知觉认知模式，理论上，可以有助于汉字认知学习过程建立起'成分功能基于结构整体规定'的观念。实践上，通过不失时机地分析汉字结构的部分与整体关系，通过突出整体结构特征，可以帮助学习者建立起关于汉字结构认知的稳定联系线索。"

汉字结构十分复杂，既有独体字，又有大量合体字。独体字和合体字不仅在区分上存在困难，而且合体字的下限结构也有几十种。这种复杂结构交织在一起，外国人很难把汉字写得符合构字规律和特点。

（一）区分独体字和合体字

这是就现代汉字字形来说的，独体字是直接由笔画构成的字，合体字则由笔画块（基本部件）组成。如果培养了汉字笔画和笔顺的基础，那么培养他们观察和区分独体字与合体字就不再困难。具体来说，独体字在字形结构上只能分解出笔画，而不能分解出笔画组合（部件），比如"川、八、人、手、小"等。合体字在字形结构上能够分解出部件，如"初、厅、村、析、结、细"等。有时分解出来的两个或多个成分并非都是成字部件，但只要含有一个或一个以上就可以，如"币、韭、礼"等。

现代汉字的独体字和合体字与古汉语所指不同。现代汉字是以字形分解为基础来定义的，而古代所谓"独体""合体"是以造字方式为基础定义的。

现代汉字的独体字可能是古代汉字的合体字。比如"曰"，《说文》解释为"从口乙声"，认为是个合体的形声字；"甘"，《说文》解释为"美也，从口含一"，认为是个合体会意字，在现代汉字中，它们则属于独体字。现代汉字中的合体字可能是古汉字中的独体字。比如"虎"，甲骨文为像老虎之形，《说文》中说："从虍，虎足像人足，象形。"

其仍然认为是个象形字，在现代汉字中可以切分成"虍、几"。"泉"在《说文》中为象形字，像水源之形，而现代汉字则认为是"白""水"组成的合体字。"阜"的小篆字形为像土山之形，现在则分成"𠂤、十"两部分。经过一段时间的训练，留学生可以分析大量不认识的汉字，正确得出独体和合体的认识。

（二）寻找合体字的分割沟

合体字一定由两部分以上的部件组成，那么理论上说，一定存在一条或两条以上分割沟。正确区分这些分割沟，是认识结构的基础。

不止一条分割沟的汉字，长的分割沟是结构的第一层次。比如"想"在"相"和"心"之间的分隔沟长于"木"和"目"之间的分隔沟。在实践中，我们发现学生很热衷于分析这类结构，正确离析这种结构让他们获得了巨大的学习成就感，觉得汉字不再是杂乱无章的，而是有规律可循的。

在分割沟的基础上，加强对汉字左右、上下、包围、半包围等汉字结构的认识。在教学中我们发现，当学生写不出某个汉字时，也说不出这个字的结构或者构成成分，甚至当教师和其他同学提示的时候，也难以奏效。比如提示语说"左边是言字旁，右边是周末的周"，被提示者仍然一脸茫然。国内关于中小学学生汉字认知调查的心理研究表明，汉字掌握水平较高的学习者在描述字形组成部分、空间结构、笔画顺序等方面远远优于水平较低者。这就提醒我们，加强语言与表象的联系，帮助留学生学会运用语言编码修正和改善汉字的视觉表象，有利于提高他们记忆汉字的准确性以及对汉字的观察能力。

分析汉字结构、分析汉字构成方式是留学生写好汉字的基础。汉字的方位结构相对比较简单，从大的方面说只有上下、左右、内外三类，里面的小类在初级阶段也可以暂时忽略。例如，上下结构里还有上下均分式、上中下式、上复杂式、下复杂式等不同情况，但对于初级阶段认知汉字的学生来说，我们既不要求他们能够读出这些汉字，也不要求他们区分这么复杂，我们的目的是在学生尚未习得大量汉字时，他们已经能够对其结构进行大致的分析，这对以后学生学习汉字非常有帮助。

三、起始阶段汉字认知和汉字学习分开进行

就像学汉语拼音一样，汉字学习也要经过一个分解阶段。在正式进入汉字书写阶段以前，先培养学生的汉字笔画观以及汉字结构的认同感，是十分必要的步骤。舍此，则字源教学法、部件教学法、层次教学法、形声字教学法等都无从谈起。

对于初级阶段尤其是起始阶段的对外汉字教学来说，汉字所具有的象形、指事、会意、形声等特点是很难加以利用的。对于初始阶段的学生来说，对汉字的历史和来源的介绍，可以提升他们对汉字的一些认识，提高对汉字的兴趣和爱好，但对于汉字学习者来说，最后是要落实到现代汉字字形上的，是要落实到笔画和笔顺上的，而一旦进入这一步骤，这

些线条对他们来说，就变得非常复杂，无从下手了。在教学实际中，当介绍完"口"在古代汉字中像嘴的形状时，学生会对汉字的来源感到惊奇，学生马上能记住这个字的形状，但到真正书写时，就会画一个圈，难以落实到三画的笔顺上，因此，汉字书写是扎扎实实的功夫，是需要一点一滴积累和训练的。

那么这个观念的培养需要多长时间呢？根据我们在爱尔兰都柏林大学孔子学院的教学实践和教学研究，一般说来，需要4周（16个课时）左右，也就是基本上和汉语拼音的教学同步。在这个过程中，我们一边学习汉语拼音，一边学习汉字笔画和汉字结构的认知和必要的书写，另外可以学习最简单的交际口语。这个阶段不要求学生书写课文中出现的汉字和词语，而是按照我们的教学引导，能够区分独体字和合体字，对于简单的独体字，能够分析笔画顺序，对于大部分合体字，能够找出字中全部的分割沟，然后确定哪条最长，哪些较短。根据分割沟的长短指出它的结构层次以及构成成分有几个。训练步骤大致如下。

（一）平笔笔画的认知和书写

这一阶段主要培养学生对汉字基本笔画的认知和书写能力，尤其建立单笔笔画从左到右、从上到下的书写顺序观念，熟练掌握横、竖、撇、点的写法。

（二）折笔笔画的认知和书写

这一阶段重点解决看似多线段笔画为什么是一笔的问题，培养学生对向右书写的顺势观念，所有往右折的笔画，不管它折几次，都实行连写，所以应该看作一笔。这个阶段我们就主要的折笔笔形拿出来，供学生分析和摹写。

（三）数笔画数的练习

经过前两个阶段的练习，我们开始拿出一些独体字，让学生数出笔画数，这些字我们不要求学生会读会写会认，只要求他们会数笔画，至于他们念什么、什么意思等完全不管。

（四）组合练习

这一阶段培养学生合体结构汉字的部件观念，这个部件不是简单地介绍概念以及构成，而是通过分割沟划定的练习，让他们熟悉汉字左右、上下、内外等结构特点。教学实践证明，用不了多长时间，他们就能分析得很准确，同样对这些汉字的音义也不要求他们掌握，只是停留在形的阶段。

近年来，关于"字本位"和"词本位"的争论越来越多，姑且不论孰是孰非，至少"字本位"的提出，对于对外汉字教学来说，是一条重要的思路。看到汉字教学在整个对外汉语教学中的作用，把汉字教学提高到一个应有的位置，是对外汉字教学的一个重要尝试。因为汉字在学生学习汉语的整个过程中，起着至关重要的作用，自始至终都影响着学生的学习效果。我们必须从汉语教学的一开始，就树立汉字意识，把汉字作为汉语教学的重要内容来抓。

第二节　部件理论在对外汉字教学中的应用

汉字学习对留学生而言是一个难点，本节试图从字形上分析汉字难学的原因。然后结合汉字的形体、构字理据和认知心理来论证部件理论在对外汉字教学中的可行性和优势，并进一步阐发如何在实际教学中使用部件教学法。

汉字教学是整个对外汉语教学中不可缺少的组成部分。汉字不但作为一种记录语言的符号系统，承载着汉民族文化，即所谓"文以载道"；而且，它还如一面镜子，映现着中国文化的万千气象。汉字的方方面面，都为中国文化所浸润；汉民族的物质文化、制度文化、精神文化乃至文化心理深层结构等方面，都对汉字有着深远的影响。而作为一种文化现象，作为中国文化的承载者，汉字又对中国文化有着深刻的影响。汉字本体蕴藏着中国文化的丰富内涵和无穷奥秘。要了解汉民族文化，可以从解剖汉字开始。不懂汉字就无法真正了解中国。但是学习汉字对留学生而言却是一件非常困难的事情，特别是那些母语是拼音文字的学生。德国的柯彼德先生指出："学习汉语最大的难关就是中国的传统汉字……正因为如此，不少会说一口流利的汉语、在口语交际中不成问题的外国人在书面交际方面是文盲或半文盲。这是其他语言几乎没有的现象。"如何帮助留学生尤其是非汉字文化圈的留学生克服在学习汉字时的畏难情绪，如何提高汉字教学的效率是每一个从事对外汉语教学的教师都非常关心并一直在探讨的问题。

传统汉字教学法一般采用笔画教学或整字教学，但实践证明这两种教学法都存在不少问题，对留学生，尤其是缺少汉文化熏陶的学生，记忆汉字的帮助是有限的，这种方法并没有解决他们在汉字学习中的实际困难。那么留学生（尤其是非汉字文化圈的学生）在汉字学习中的困难是什么呢？在实际教学中我们又应该采用什么样的教学方法呢？

一、汉字字形识记的困难

对于留学生尤其是非汉字文化圈的留学生而言，汉字难学的原因有很多，有字形方面的，也有字音方面的。与拼音文字不同，汉字不传递口语信息。拼音文字可以以语音为中介达到拼读、辨识和拼写的目的，其口语与书面形式是一致的，而"汉字是世界上唯一未曾中断使用而延续至今的表意文字系统"。以笔画和部件为基础构建起来的方块字几乎不能直接拼读，更难以仅凭语音去辨识。汉字有三个要素：形、音、义。其中，音与义属于汉字所记录的语言，只有字形属于汉字本体。阅读时要通过字形来实现书面语与口语的沟通，从而达到理解的目的。而字形的辨认、识记是汉字学习的基础，也是留学生学习的难点。

（一）笔画变化多

在静态条件下，汉字的书写元素——笔画并不复杂。汉字楷书的基本笔形大致可归纳为"横、竖、撇（捺）、点（提）、折"几种。但每一种笔形都有特定的写法，偏离一定写法超过某一限度时，就会产生笔形的错误。比如，"横"的右侧抬得太高，会与"撇"相混，"厂"就成了"质"的上部。因此它的动态过程就变得异常重要，以拼音文字为母语的学生在学习汉字的最初阶段，他们的大多数错字是笔画书写的偏误造成的。比如：把"商"的两个相向的笔画写成反向；"为"的两点放错了位置而写成"办"；"希"的第四笔书写不到位；"贝"的最后一笔则因写得太长并且拐了弯而成了"见"。又比如："男"因少了一笔而成了"曰"与"力"的组合；"味"则因多了一笔而成了"口"与"朱"的组合。

（二）笔画数量多

汉字繁难的另一个原因就是汉字的笔画数多。据统计，现代汉语常用汉字平均每字的笔画数是 10.75 笔，其中 9～11 笔的字最多，最多的竟有 36 笔。心理学认为，人的短时记忆一般以 7 个记忆单位为限。因此借助笔画学习汉字，即以笔画组作为识记汉字的记忆单位，不利于记忆汉字，因为汉字的平均笔画数多超过 7 笔。

（三）笔形的区别度小，笔画组合复杂

汉字的字形复杂，笔画错综，结构众多，不像拼音文字只有 26 个字母的一维线性单向组合那么简单。汉字从字形上说是以一定的笔画和构字规则组成的方块字，是一种二维平面的空间图形。据统计，现代汉字的笔画种类有二三十种。其中不少笔形的区别度极小，很难辨别和认知。笔画的组合关系也很奇特，如"夫"和"天"、"人"和"八"，一个出头一个不出头，一个相接一个相离，但正是这一点点差别便构成了形音义完全不同的两个字，这在外国人看来简直是不可思议的事情。

综合以上原因，我们认为尽管笔画教学也是必不可少的，但由于笔画的意义和整字毫不相干，加之汉字的笔画数多，笔形区别度小，笔画变化多，这都会在深入学习汉字时加重学生的负担。显然不分析汉字直接教授整字，对笔画数多、构形复杂的汉字来说难度更大。因此我们认为部件教学可能是汉字教学中一种行之有效的方法。

二、部件教学的可行性

（一）字形上的依据

什么叫部件？苏培成是这样定义的："部件是汉字的基本构字单位，介于笔画和整字之间。它大于或等于笔画，小于或等于整字。"因此现代汉字的字形可分为三个层次：

笔画—部件—整字。部件在汉字的生成中起到了非常重要的衔接作用，为汉字的切分提供了基础，是汉字结构的核心。根据上面的分析，在对外汉字教学中，若采用笔画教学则过于烦琐，采用整字教学，汉字的笔画数多在9笔左右，无疑过于繁难。如果采用部件教学呢？众所周知，汉字有表音度低、表义度高的特点，对外汉字教学中所说的部件就是在遵从造字理据的前提下，依据构字频率切分出来的音义结合体，它不仅照顾到汉字的形义关系还体现了汉字的系统性，不会让留学生觉得汉字就是一堆没有任何规律和理据的笔画的堆砌。

崔永华曾以国家语言文字工作委员会《信息处理用GB13000.1字符集汉字部件规范》（简称"部件规范"）为参照系，对《汉语水平词汇与汉字等级大纲》（简称"词汇大纲"）所用的汉字进行过统计，在基础汉语教学阶段，只要掌握了甲级汉字中的330个部件和由它们构成的801个汉字，就为今后汉字的学习打好了基础。通过进一步的分析，在这330个部件中最基本的部件只有110多个，是它们构成了常用汉字，因此采用部件教学可以减轻学生的负担。

（二）认知心理的依据

心理学认为：人的短时记忆一般以7个单位为限。汉字笔画数多超过7笔，不利于记忆。而部件在记忆中就可以显示出它的优势来了。从字的部件长度，即构成一个汉字的部件数来说，"词汇大纲"全部8 822个词所使用的2 866个汉字的部件平均长度为2.91；又根据《汉字信息字典》所收7 785个汉字的统计，由1个部件构成的汉字占4%，2个部件构成的汉字占34%，3个部件构成的汉字占40%，4个部件构成的汉字占16%，5个部件构成的汉字占4%，由1~5个部件构成的汉字占7 785个汉字的98%。这个统计结果显示，以部件为识记汉字的记忆单位，则记忆单位的数量在合理限度内，应当有利于汉字教学。

心理学家在研究了汉字认知过程中的字形加工以后指出，"笔画是识别所有汉字的一个单元""部件也是汉字识别的一个单元。与笔画的特征分析相比，部件分析发生在一个较高的层次上。"。正因为部件（即构形元素）的分析处在"较高的层次上"，它才与汉字的辨认密切相关。所以，从认字的角度来说，部件的识别顺序当在笔画之前。当我们对一个字加以分析时，我们首先拆分得到部件，其次才是笔画，比如在学习"相"字时，我们首先把它切分为"木"和"目"，然后再分别了解这两个部件的笔画。

当一个字分析到最基础末级部件时，这个字的构形分析就基本完成了，它的构意及结构层次也就一目了然。在留学生的汉字偏误中，有相当数量的汉字是由于形似而产生的混淆。从认知的角度看，它是一种"错觉结合"现象，是由于字形与心理词典的词条未能对应的一种表现。从构形学说的角度说，它是不了解构意与结构层次而产生的混淆，是由于在学习过程中未对构形元素及其结构关系加以注意而造成的。如"好"和"如"就是学生常常混淆的一对"形似字"，我们将它们拆分后进行对比，就能很清楚地看到，这两个字有一个构形元素不同，其构意当然也不同。《说文》"女"部："好，美也，从女、子"，是"美好"的意思；"如，从随也，从女从口"，是"跟从"的意思。"女""子""口"分别是"好"和"如"的末级部件，它们本身还具有意义，可以同时借助构形元素的意义和构意将这一对形似字区别开来。

这就引入我们要讨论的下一个问题，汉字的部件大多能表音或表义，具有可称谓性。语言心理学认为：可读性在单词的识别中具有重要的作用。一方面一部分切分出来的部件是有意义的，可以通过分析讲解使之成为一种"可懂输入"，从而达到推动习得的目的。心理学家在研究汉字语义加工时发现，"形声字的义符对语义判断有显著影响"。这说明成人认知汉字时能利用生活的经验将汉字中的语义提取出来，从而达到对汉字的理解。另一方面一部分部件虽然是表音，但由于它具有一定的生成能力或者能独立成字，能帮助联想统率一批汉字，这样的部件也是有益于汉字学习的。在即将颁布的《基础教学用现代汉语常用字部件规范》中我们也看到一条重要的原则，即部件切分要尽可能追溯到构字理据和构形系统，这将使切分出来的部件更有利于教学和留学生的学习。

由此可见，部件是联系笔画和整字之间不可缺少的桥梁，利用部件教学符合人的认知规律，有利于汉字学习。

三、部件教学的前提和方法

（一）部件教学的前提

利用部件教学首先应该有一套适合教学用的汉字部件。一直以来对部件的切分工作是在不同地区、不同系统中自发进行的，部件切分的结果纷纭交错、五花八门。例如，一个简单的6笔"羊"字，竟有5种拆分方法，这5种拆分方法贯穿到由"羊"组合的字里，要影响到70个字。而且，有些系统在处理一些笔画变异形成的变体时，又出现了与"羊"不一样的拆分。一个6笔的常用独体字尚且如此，笔画更多一些、构形更复杂的字，就更不用说了。由于对部件拆分的目的不同，拆分的结果自然也会不同，计算机信息运用受汉字传统字理的影响较小，又受到计算机键位的限制，往往把汉字部件切分得比较细碎，形体较小。这显然对汉字教学是不利的，会给汉字的解释和记忆带来一定的困难。例如，将"格"拆分成"木、女、口"，"枝"拆分成"木、十、又"等。这样将汉字本身存在的音、义联想功能破坏殆尽，成了为拆分而拆分，这当然无助于汉字教学。所以利用部件进行汉字教学的前提是建立一个科学的，针对教学的汉字部件体系。可喜的是，我们看到这项工作已经初见成效了。一部针对教学的《基础教学用现代汉语常用字部件规范》已经制定，现正处在征求意见、做进一步修订完善的阶段。在这个规范中我们看到有一条基本的原则就是："尽可能考虑汉字的结构理据和构形系统进行有理据拆分，注意部件之间的联系和区别，同时要便于学习和记忆，因此以尽量保留成字部件为宜。"可以说这部规范充分尊重了汉字的字理，当一些汉字结构已经无法追溯字理或形与源有矛盾时，灵活处理以字形为依据。所以在教学中像"格"我们只要拆分到"木"和"各"就可以了，这样就能使部件与整字有语音或语义上的联系。"照"从文字学角度看有四个部件，而且四个部件都具有可称谓性，但是因为"刀"和"口"和"照"没有语音、语义上的联系，只能徒增学生学习的困难，因此不采用这种方法。若分成"昭"和"灬"符合部件的拆分原则，但"昭"不是一个常用字。所以从教学角度看可分为三个部件："日""召"和"灬"，"日"和"灬"都表义，"召"表音，显然这种切分方法更有利于教学和学习。

（二）部件教学的方法

我们提倡利用部件教授汉字并不是反对甚至以为排斥笔画教学，我们认为汉字教学要有层次性，循序渐进，在教学的过程中也不应该只是拘泥于一种方法，应该多种方法灵活应用。但是部件教学是可以贯穿始终，并在一定阶段占主导作用的方法。

1. 利用部件教学

要合理安排学习的顺序：基本部件—部件组合（简单合体字—复杂合体字）。从常用到不常用，简单到复杂，使学生对汉字的学习更加符合认知的规律。在目前的对外汉语教学中，大多数汉语学习者往往是在学习汉语的同时开始接触汉字的，这种"语、文并进"的情况使学生接触到的汉字顺序既不按照汉字构形规律也不按照汉字习得规律。在没有开设汉字课的教学部门，学生是在学习汉语的同时"顺便"学习汉字的，学生学到的汉字是一盘散沙，根本谈不上规律的掌握。比如，"你好"这个句子，是多数学生在开始学汉语时接触到的第一个句子，但组成这个极简单的句子的两个汉字，却不是开始学习汉字时的最佳选择。从汉字认知的顺序看，学生应在掌握"尔""女""子"之后再来学习"你"和"好"。先学"你"和"好"显然既不符合汉字构形规律，又违反汉字认知规律，难怪有的学生学了两年汉语，还把"你好"写成"尔如"，因此在汉字的教授中"应该优先考虑构字频率高的独体字，比如'人、口、八、日、月'"等，先学习这些既可独立成字也可作为部件使用的汉字可以为后面的学习做好铺垫。一些构词频率高但不常用的独体字也同样可以先出现，如"曰、贝、止、虫、目、皿、示、尸、戈、爪、酉"等。掌握常用基本部件是学习汉字的基础，外国留学生掌握这些构件以后就能够通过推理与抽象记忆掌握一批汉字的类义，了解汉字的基本结构方式。

2. 注意部件之间的对比分析

"一种对比是形似部件之间的对比。如'牛、午''广、厂''木、禾'等"，在教学中讲清这些部件的字源，可以采用古文字做背景，沟通物象，加深留学生对这些独体字的印象。同时还应该根据部件之间的变体关系进行归纳总结，如根据字源，可以将"手"归为一组，方便学生对部件的识记。第二种对比就是要注意同一基础部件在作为构形元素时，功能不一。如"禾"在"和"里有示音功能，在"私"里的功能就是表义。另外，汉字的基本部件有不同的组合样式，组合样式不同就可能组合成不同的字，如"呆"与"杏"的构件完全相同只是位置不同，它们是不同的字。所以还要注意部件结构的对比。

3. 部件组合和位置问题

如前所述，一个部件的汉字只占4%，大多数汉字都由两个或两个以上的部件构成，这就牵涉到在汉字中部件的组合以及组合中部件的位置问题。"现代汉字的字形在构形上是以系统的方式存在的，每个构形元素都有自己的组合层次与组合模式，因而汉字的字符既不是孤立的，也不是散乱的，而是互相关联的，内部呈有序性的符号系统"。在汉字这种二维平面结构中，部件的位置和组合方式对字形系统的构成起着重要作用，不同单元的功能与分布也有很大不同。对于习惯拼音文字的留学生来说，部件位置排列无疑是一个难题。因为拼音文字的组合构造简单，即以先左后右的一维结构呈现。而汉字确是多向进行的，有上下、左右、内外三种基本排列组合。"其组合类型有平面结构和层次结构两种。如'解'由'角''刀''牛'组成，这是平面结构。而大量汉字组合是层次组合，这些汉字的构意不是一次性表现出来的，而是逐层生成的。不同的部件处在不同的层次上，不同层次的部件相互之间并不发生联系。"虽然在汉字的发展演变中出现过表义部件和示音部件独据一角的情况，但大多数汉字仍遵循着左右或上下的组合的基本结构方式。混淆这种层次就会写错字。如"喂"，很多留学生把它写成上下结构。从字形结构来说，"喂"由"口"和"畏"两个部件组成，"口"是表义部件，"畏"是示音部件。留学生的错误写法实际上搅乱了汉字构形的层次性。像左右结构的"楼、沉、糕、懂"，很容易写成上下结构。像上下结构的"最"又很容易被写成左右结构。因此在教授这些汉字时一定要让学生明白汉字构形的理据。总之，汉字教学也应该同其他语言要素的教学一样，采取功能与结构并重的原则，功能表现为部件在构字中的作用，结构表现为部件的位置分布与组合方式，从而帮助学生形成正确、清晰、全面的汉字表征系统。

以上我们谈到了部件教学法的可行性和优势，但任何的优势都只是相对而言，没有医治百病、有利无弊的药方，也无法在实践中将一种原则贯彻到底。部件教学只是一种思路，是对汉字字形规律的一种有益的探索，在部件教学中也不应该忽略笔画教学，多元化、是有针对性的教学方式一定会对汉字教学，尤其是对外汉字教学起到推动作用。

第三节 基于对外汉字教学的部件拆分

汉字部件理论分析在现代汉字教学中占有重要位置，部件理论已经引入对外汉字教学实践。但是在对外汉语教学的实际操作中，部件教学仍然存在一定的难度，把部件教学和汉字教学、汉语教学完美结合起来的案例并不多见。有些学者在理论上提出了一些建议，但在教学实践中并没有很好地执行下去。本节就部件教学理论在实践中的可行性提出了一些建议。

一、对外汉字教学开始重视部件理论

汉字教学作为对外汉语教学的重要环节，理应受到人们的重视。因为汉字是外国人学习汉语、了解中国文化的基础，只有掌握了汉字，才能完成基本的听、说、读、写。但是，在这一方面的研究却明显滞后。汉字教学方法的滞后性在很大程度上制约着对外汉字教学乃至对外汉语教学的发展。

虽然对外汉字教学方法的研究不尽如人意，但学界也提出了一些相关的教学方法，如笔画教学法、整字教学法、集中教学法、标音教学法等。这些方法在汉字教学的一定阶段和一定程度上都发挥着积极的作用，但其发挥作用的范围和程度有限，因此，这些方法不能很好地贯彻到底。如标音教学法在学习汉语的初级阶段发挥着很好的作用，它可以使学习者很快地提高听说汉语的能力。但是汉字毕竟不是表音体系的文字，记录汉语的基本单位是汉字而不是拼音，拼音只能起到一种辅助的作用。要全面地掌握汉语，最终还是要掌握汉字的书写方式。再如笔画教学法，这种方法的优越性也一目了然，即可以非常直观地体现出汉字的构形特点，使学习者能够较好地掌握汉字的书写方式。但是其不足也很明显，汉字笔画过于烦琐，且很多笔画的区分度过小、表意度低、称说性差等一系列问题也制约着笔画教学的发展。

因此，为了寻找更适合汉字教学的方法，许多学者也进行着有益的探索。针对上述教学方法的不足，一种新的对外汉字教学方法开始受到人们的关注——部件理论。一般认为，汉字从字形上来说是有层次性的，笔画是构成汉字的最小结构单位，构成这个结构的最下层；整字则是汉字的基本单位，处于这个结构的最高层。对于这个结构的中间层，历来多有争议。诸如偏旁、部首、字根、字素等。部件也是处于这样一个中间层次，因此作为构造汉字的一级系统被提了出来。所谓部件是指"现代汉字字形中具有独立组字能力的构字单位，它大于或等于笔画，小于或等于整字"。之所以提出部件教学的方法，主要是因为汉字的层次性很强，独体字占的比重较小，合体字占优势，多数汉字都是由若干部件拼合而成的，具有较强的可拆分性。汉字的数量很大，但是拆分出的部件数量却会少很多，理论上会减轻记忆的负担。此外，汉字的表音度较低，而部件又具有构义性较强的特点，综合这些优点，部件理论一经提出就引起广泛的关注。

对于部件理论在对外汉字教学中的应用的相关论述很多，下面主要就崔永华在这方面的一些论述谈一点看法。崔永华在《汉字部件和对外汉字教学》中论述了基于部件理论进行对外汉字教学的可操作性问题。笔者就这一问题提出了一些相关假设。

假设一：汉字拆分出的记忆单位越少，越有助于识记。

假设二：汉字拆分出的记忆单位的可称谓性越高，越有利于识记汉字。

假设三：汉字拆分出的记忆单位的含义越明确，越有利于识记汉字。

假设四：学生识记汉字的错误，与部件识记不准确有较强的相关性。

对于上述的假设，笔者用统计的方法进行了相关的论证，最后得出了部件理论在对外汉字教学中的可行性的结论。

笔者在研究中运用了比较科学的统计方法，并试图通过测算出的结果支持其部件理论可行性的推论。但是如果进行进一步的推敲，我们还是能发现这种可行性存在的一些问题。

第一，"可称谓性"这一名称的界定本身就存在模糊性。崔永华给可称谓性的界定是"成字部件或常用偏旁部首"，这当中就存在问题。成字部件好理解，即作为部件的汉字，汉字有读音，当然有可称谓性。但是那些常用的偏旁部首的可称谓性就值得质疑了。按崔永华所举的例子，"草字头""单立人"都属于可称谓的范畴，但我们认为这些偏旁部首所谓的称谓只是人为的给它们起的名称，有名称不能简单地等同于有读音，如果简单等同就意味着划分标准的不统一。

第二，"可称谓度"的测算存在一定问题。崔永华进行的"可称谓度"的测算是指构成一个字的可称谓部件在构成此字的全部部件中所占的比例。据此得出的"可称谓度"接近70%。我们认为这个结果就整字而言是有一定的参考性的，但是应该意识到，就算是比率接近70%，但是除了那些"可称谓度"100%的汉字以外，其他字中如果只存在一个不可称谓部件就会给汉字教学带来极大的困难。因此，可称谓性的测算，我们认为价值不是很大。此外，崔永华还忽略了一个问题，即没有对部件本身的可称谓性做出测算，在崔永华所划分出的全部431个部件中，可称谓部件占多少？不可称谓部件又占多少？我们认为，这一比例的测算对于部件教学的可行性同样具有非常重要的参考价值。可对于这个问题崔永华没有做出相关的具体论证。

第三，关于部件表义情况的测算。崔永华根据部件的表意情况将部件分为表义部件即有固定意义的部件和不表意部件即没有固定意义的部件。容易让人产生模糊性的是崔永华所谓的表义是指部件本身表义还是部件可以表示其构成字的意义，因为有很多部件在构字之后表义能力发生了很大的变化，如"法"，左边的部件本身有表意功能，但是在组成"法"字之后这种功能已基本看不出来，或者说是极大地被削弱了。对这个问题崔永华同样也没有解释清楚。

对于这篇文章中存在的问题，崔永华在其后的文章也意识到了这一点并做出了一些修正，提出了一种"汉字教学的新思路"即"基本部件＋基本字体系"。崔永华拟定这样一个体系的原则是要使体系当中每个单位成员的笔画尽量少；教学单位体系要有生成能力；单位成员要有固定的语音形式和含义，以利于对构成汉字的解释和记忆。根据这一原则，崔永华将独体字、偏旁部首（表义部件）、其他部件（不表示部件）都纳入这一体系当中来。这一新体系的优越性显而易见，即提高了教学单位的表意性和可称谓性，提高了构成汉字部件的可称谓性和意义上的可解性，并且降低了教学单位的认知难度。

这种体系为优化对外汉字教学各种方法的不足做了很大的努力，尽量做到取长补短，但这也是这种体系的问题所在。崔永华的出发点是好的，但是这样产生一个体系显得过于庞杂，即将部件教学、整字教学、笔画教学混同起来，这就对教学者提出了很大的挑战，如在具体操作的时候各种教学方法的运用尺度和运用限度应如何把握、配套的相关教材应如何编写等问题，都将制约着这种教学方法的推行。

二、部件拆分体系的探讨

笔者根据以上几点，在崔先生的基础上稍作变动调整，得出一条新的"基本字＋非成字部件"的思路，即"基本字（包括成字部件）＋非成字部件（含有基本部件）体系"。这一体系的基本字包括以下几种情况。

① 独体字：根据字源，不能再拆分的整字，这里面包含了大量的成字部件，如口、火、水、木、土、人、女、厂、大、立、寸、目、虫、白、山等。

② 虽不是独体字，但构字能力强的整字（构字能力强是指可构字5个以上者）。例如：

平——评、苹、坪、萍、秤。

青——情、请、倩、晴、清。

京——景、惊、凉、晾、谅。

③ 整字拆开后的部件基本上没有构字能力，拆开反而增加部件数量的字。例如，"黑"如果拆分为"灬"与"里"，就多出了一个基本无构字能力的部件，倒不如将"黑"作为整字记忆要好些。

④ 虽只能构成一两个字，但构成的都是常用字，并且拆开又要增加新部件的字。例如：当（挡、档）；凶（胸、汹）。

⑤ 虽不是独体字，构字能力也不强，拆开后也不会增加新的部件，但作为整字出现频率非常高，并且有很多非成字部件中的有义部件是从中演变而来的。这样在学习整字的同时，又可以帮助学生记忆一定数量的非成字部件，所以本体系将这样转化来的非成字部件也列入了基本字的范围，与整字一起记忆，更容易加深记忆。

这一体系的非成字部件包括一部分基本部件和有义部件、无义部件。基本部件指最小的构字部件，汉字部件规范中最主要的部分就是要制定一张基本部件表。文字学中，基本部件又叫末级部件，对整字进行拆分时，是分层次逐步进行的，分别拆出一级部件、二级部件，直至末级部件。而对外汉字教学却不宜采用这种拆分，所以我们对于非成字部件的归类遵循的原则是尽量使拆分出的部件具有表义性或可称谓性，不宜将字拆得过细。

"由于部件数量与切分层次数成反比，即汉字切分层次越多，所得部件越细小，基本部件数量越少，因此容易造成便于识记的假象。由于这些细小部件绝大部分属于记号，因此于整字的识记不仅无益，甚至有碍。"而且，如果将部件拆得过细，就等同于笔画教学了。所以本体系在拆分时尽量将一些不表示部件适当合并为表义部件或整字，尽量减少拆分成无义部件、增加教学单位表义部件和整字的比例。如把"青字头""青字底"合并为"青"字。我们的目标是整字，将每个汉字都分到细小而繁多的末级部件对教学而言显然不合理。

下面笔者将谈一下在对HSK（中国汉语水平考试）800个甲级字进行拆分确定新体系时遇到的一些问题。

① 单笔能否成为部件的问题：苏培成提出"附着性的单笔不是部件，相对独立性的单笔是部件。""如何区分附着性和相对独立性？就是要看它在整字中占据的位置。汉字从结构类型说，主要有上下、左右、包围三大类。只要在这三大类中占有一个位置的，就是有独立性。"但是根据这一原则，我们可能会遇到这样的问题，如"么"是否拆分为"丿、厶"，"个"是否拆分为"人、丨"，"才"是否在继续拆分为更细的部件"一、亅、丿"，还是直接将其列为整字或非成字部件体系中，因为这些字在结构上本身就存在争议，还有的本身就是一个部件，所以苏先生的原则可能就不太适用。

② 如果一个复笔能够拆分为一个可独立的复笔与一个不可独立的复笔，是否进行拆分。例如："占"是否拆分为"卜、口"；"友"是否拆分为"ナ、又"；等等。我们的原则是：如果该复笔的构字能力较强（即构字超过5个以上者），如"占"（沾、站、战、粘、毡），那么就不拆，将其列为基本字的范畴；如果该复笔的构字能力较弱，并且拆分出的复笔将具有很强的构字能力的则进行拆分。例如："角"可以拆分为"⺈、用"，而且构字能力非常强，可以构字"危、免、兔、刍、象"等，而拆出的另一复笔"用"又是基本字，这样进行拆分比不拆分显得更加科学。

③ 相邻的几个单笔结合为一个部件，如"飞、刁、小、少、心、司、气、今"等，但其中有三个不容易处理的字，即"司、气、今"的拆分就出现了很多不同。

我们的原则是将三个字都作为成字部件来看待，将其列为基本字中，而不需要再进一步进行拆分。因为将它们拆分，只会增加新的部件，反而增加了学生的记忆负担，因此这三个字是"相邻的几个单笔结合为一个部件"这一原则的例外。

④ 如果一个复笔能够拆分为两个可独立的复笔，并且该复笔不属于上文所列的基本字范围的，一般应拆分为两个部件。但是可能会出现不同的拆分方法。

这时我们一般采取的方法是：尽量使拆出的结果没有增加部件的种类，尽量使拆出的部件具有可称谓性，并且构字能力比较强。

三、部件理论应用于对外汉字教学的几点建议

通过以上的基于汉字教学的拆分，我们可以发现，部件理论在对外汉字教学中的推行和运用不可能是一帆风顺的，这种方法确实有推行的价值和可行性，但是这一理论方法还不是很完善，当中仍存在着许多问题亟须解决。如部件拆分虽然减少了记忆汉字的负担，但是随之带来的是"对繁复组合过程的记忆负担"。那么部件理论应何去何从呢？

第一，我们认为部件教学是具有可行性的，但这种可行性的前提是必须规范部件切分的原则。如果切分原则不具可操作性，不能贯彻到底，那么部件教学就无法正常推行。我们认为，部件的切分应当以现代汉字的规范字形为主要依据，而不主张从义或是形义兼顾

的方式，因为何时从形何时从义的标准带有很大的随意性和主观性，在具体操作时会带来一定难度。但是汉字毕竟有其特殊性，因此，我们也不排斥在具体教学的时候采用"柔性原则"，即根据教学的需要，适当加入"义"的因素。

第二，一定要明确部件教学在对外汉字教学中所处的位置和阶段。汉字教学应该适度地推进，即按照"笔画—部件—整字"的顺序进行。部件处于中间位置，如果直接从笔画跨越到整字，会给学习带来很大的难度。因为笔画的名称大多与整字毫不相干，且笔画组成整字的过程十分复杂。而部件的数量相对较少，且具有一定的意义和可称谓性，因此，在学生有了一定的汉字书写和构形基础的前提下运用部件教学是比较理想的。这就意味着前期的笔画教学对部件教学有着很大的影响。只有逐步推进，部件教学才会发挥其应有的作用。

第三，受崔永华提出的综合各种手段的汉字教学方法的启发，我们认为是否也可将部件教学与形旁、声旁的教学法结合起来。因为很多部件与形旁和声旁是重合的。部件是主要的汉字构形单位，与声旁相合正好可以弥补部件在示音方面的劣势。但这种方法的引入要有一定的限度。因为形声字的形旁的读音和形声字的读音之间存在着复杂的对应关系。有统计表明，汉字形旁的表音率约为39%，如果声旁不能准确表音，那么反而会给汉字教学带来困难。

第四，针对部件教学编写适当的教材也是十分重要的。目前国内还没有完全针对部件教学编纂的教材。没有适当的教材作为支持来推行某一教学体系是十分困难的。因此，目前的当务之急就是要编纂适合部件教学的教材。要编纂合适的教材，语料库、词汇库的选择是十分重要的。选择的标准应包括那些相对简单、使用频度高、构字能力强的部件。此外，课后习题、课外练习的设置也十分重要。目前的汉语教材的练习设置多是针对词汇、句型的具体运用，而对于汉字形体辨析涉及的少之又少，因此，这一方面也需要加强。

第五，我们认为部件教学还应针对不同国家不同语言背景的学习者进行相应的调整。究竟哪种汉字教学方法最为适用，必须通过具体的语言学习者的学习效果来检验。万业馨、石定果的《关于对外汉字教学的调查报告》就给了我们很大的启示。他们对对外汉字教学中相关问题的调查使我们了解了来自汉语学习者的亲身感受，许多都跟我们传统的思考不同，应当引起对外汉字教学的重视。

我们认为，诸多对外汉字教学法本质上没有优劣之分，只有适用范围的差别，关键在于怎么用，何时用才能发挥其最大的作用，让其更好地为对外汉语教学服务。

第四节 汉字部件教学分析

部件教学理论提出来以后，引起了对外汉语教学界的广泛关注。但实践证明，单纯的部件教学是行不通的。本节提出应该结合对外汉语识字来切分部件，传统的汉字教学不能被单纯的部件教学取代，部件教学更多地应作为一种辅助的教学手段。汉字教学应该综合利用汉字的各种属性和特征。

关于汉字的教学方法，近来有很多讨论。人们逐渐认识到了汉字教学在整个对外汉语教学中的地位和作用。对外汉语教学中的汉字教学比起母语的汉字教学来，起步较晚，而且缺乏相关的汉字教学理论以及大规模的实践，这是制约汉字教学的一个重要因素。已有的汉字教材大多是练习册性质的，集中于对汉字的笔画教学和练习，我们还缺乏系统的汉字教学的课本。

目前对汉字在教学中的处理一般有三种做法。第一种是把汉字当作一种辅助性教学，主要为精读课服务，以解决精读课上出现的汉字（生字）为主，这就要求精读课的课本在编写时照顾到汉字出现的科学性问题。第二种是字本位的教学，其他课型服务和服从于汉字教学，要求其他教材的编写要服务和服从于汉字课本。第三种做法是结合精读课程，汉字读写独立设课，主要教学生笔顺规范和相关汉字知识。不管哪一种做法，汉字认读和书写的科学性问题确是不容忽视的。事实上，以交际和功能为主的精读课本，是很难照顾到汉字的合理安排的，而以精读为主的汉字教材同样也会受到这个局限。

一、单纯依靠部件教学不符合汉字教学实际

近几年来，随着现代汉字学的发展和其作为一门学科的确立，人们对部件问题的认识进一步深化，有关研究也逐渐多了起来。部件问题的讨论始于20世纪80年代初，最初分析部件是为了计算机处理汉字用的，是为了汉字编码中形码的科学性和键盘代码的实效性而进行的。当然在客观上，它也为汉字教学提供了一定的帮助。部件理论从现代汉字学的角度出发，可分析性和可组合性相结合，这一点突破了传统汉字学依据"六书"分析现代汉字字形的局限。但从另一方面来说，部件分析法一般不注重字的理据性，部件取舍的标准基本依据频度的原则和可组合的原则，对于分析出来的部件是否容易称谓，是否易学易记则考虑得不多。那么，部件的出现频率以及部件之间的组合是否符合认知的规律呢？不一定。我们知道，文字的产生到发展，是从具体到抽象的，而不一定是由独体到合体的。相反，最初的文字有的是图画形式，画起来很复杂，但它却可以表达人们的思维概念，或者说是语言段的意思。即使是早期的文字符号，也不完全始自独体字，像"虎、鱼、龟、象、车"等字描摹事物的形状非常复杂。在象形文字的时代，它们是易于区别和辨认的，

但在现代汉字中，它们丧失了象形汉字的特点，变成了合体字。从认知的角度来说，无论我们画出这个字的原始字形，还是解释它的字义，都难以让学生记住并书写它的字形，我们只有把它们当作合体的记号字强制记忆。

部件的概念并不明确。关于从现代汉字的角度分析出来的汉字构成成分，目前说法还不完全一致。至少有"元件、字根、字素、零件、字元、构件"等不同说法，而即使是使用部件，人们的所指也不完全相同。有的时候指一次切分后的构字成分，有的时候又指多次切分以后的末级构字成分，即所谓的末级部件。如"湖"，一次切分出的"氵、胡"是两个部件，但是"胡"再次切分后的"古、月"也叫作部件，同理"古"再次切分出的"十、口"还叫作部件。

部件的数量不等。由于对部件认识上的分歧，导致人们切分出来的部件数量不等。有 105、128、160、166、205、250、300、344、512、686 等，傅永和先生对《基本集》16 339 个字的统计切分为 3 601 个部件。数量不同的部件，反映在汉字教学上，就会有不同的取舍和标准。

部件分析过多地注意了频率和组合性的问题，这就使得分析出来的部件与实际汉字教学相脱离。而有的时候为了照顾分析一致的原则，又使得对汉字的分析过于琐碎。

从理论上说，部件构成汉字，有规律的识读汉字总是比无规律的记忆要容易、要科学。比如，汉字中组合频率最高的部件是"口"，那么认识和读写汉字可以以"口"为突破口。例如：

表示与口有关的动作：呕、吐、吃、喝、吸、喷、吹、嚼、啃、喂、唾。

表示象声词：咻、哗、啦、叽、哞、哎。

表示口发出来的声音：咳、嗽、咏、唱、叹、嘟、哝、吆、唬、咆、哮、吼、吵、喧、哗、啼、喊、叫、呼、唤、哼、鸣、咽、哇、哄、吩、咐、唠、叨、啰、喤、问、召、吁。

表示译音词：咖、啡、啤、咖、喱、哗。

表示语气词：吗、呀、啊、啦、呢、喔、哟。

如果是中国儿童识字教育用这种方法，结合词语教学能收到很好的教学效果。因为儿童是在基本熟悉词义和字义的情况下学习汉字的，他的任务只是把熟练使用的词和实际的字形相匹配。正因为这个原因，儿童识字可以大大提高速度，我们也经常见到三岁儿童能识 1 000 多个乃至更多汉字的报道（值得说明的是，识字和识词以及理解文章内容有很大差别）。而对于一个母语为非汉语的儿童来说，这是不可能做到的。因为它必须把这些字形当作单纯的符号去记忆，并且在大脑中区分这些在他看来毫无疑义的符号。那么对留学生也是如此，如果不结合字义和词义的学习，这种教学也只是单纯增加记忆的负担而已。如果结合字义和词义，那么这些字义和词义也完全是新的，他们无法在掌握字义和词义的基础上记忆，因此，这种学习必然会造成负担。

末级部件的组合基本没有规律性。末级部件是对汉字进行逐级切分的结果，是现有汉字的分析结果，这就使得我们无法用部件拼合汉字，而一个个末级部件就变成了散乱无章的组合。再加上大部分汉字是由 4 个以上的末级部件组合而成的，最多的由八九个末级部件组成。这么多部件结合在一起，其组合的规律性就难免十分复杂了。比如 4 个部件构成的合体字，其结构方式就有 20 种，代表字是：癌、阔、匿、欧、营、罄、蕊、蓝、樟、额、摄、燃、游、韶、遮、腐、框、剩、鳌；由 5 个部件组合而成的汉字其结构也有 20 种。据傅永和统计，由两个至 9 个部件构成的汉字其结构方式共有 85 种。这对汉字学习不能不说是一个巨大而惊人的数字。对于本来就对汉字心存畏惧的留学生来说，依据汉字部件的拼合来学习汉语，恐怕难度就更大了。

形状相似的部件，大大增加了记忆的负担。汉字简化的结果简省了笔画，但笔画的过多简省一定要以形似字的增加为代价。对于部件也是这样，有些看起来十分简单、笔画很少的部件，由于在形状上过分相似，这对于识读、记忆和书写来说，未尝不是一种负担。例如：大太犬、王主玉、已己巳、田由甲申、午牛、心必、土士、水永、刀力、今令、千干、儿几、么公等。这些一个个孤立的部件本身就很难辨别记忆，如果再抛开它们的字义，去拼合其他的字，其难度就可想而知了。不幸的是，如果单纯从部件入手学习汉字，这些部件使用频度又是比较高的，是我们无法跨越的。

二、合理利用部件教学有助于提高教学效果

教学中常常发现，学生学那些结构简单或者对称的字，记得快而且不容易忘记，对那些笔结构复杂的字，常常记不住而且容易混淆。初学汉字的人由于缺乏对汉字部件的组合能力，常将笔画看成孤立的单位，造成记忆单位过多。人的短时记忆受一定空间的限制，复杂的形态化成过于简单的形态，就会较多地占据记忆的工作时间，影响记忆容量。因此，如果采用笔画教学，就造成记忆单位过多，如"操"，按笔画，共有 16 笔，学生还要记住笔画与笔画的连接与位置，而按部件理论分析，"操"可以分为"扌—口—口—口—木"5 个部件，记忆单位减少了 70%，提高了记忆效率。据统计，每个汉字的平均笔画数为 7 笔，而每个汉字的平均部件数为 2.3 个。既然记忆单位越少越好，何不采取整字教学，把一个字作为一个记忆单位？《汉语水平词汇与汉字等级大纲》共有各级汉字近 3 000 个，而且大部分汉字构造复杂，笔画繁多，而且字与字的组合没有规律，不成系统，学生一个字一个字地记忆同样是很困难的。我们应利用部件理论，拆分汉字，得出基本部件和组合规律，便于外国学生认识和记忆，如"力—口—马"三个部件不同位置的组合可以构成"骂，吗，加"三个汉字，其中一个或两个部件再和其他部件组成较多的汉字，达到有效快捷记忆汉字的目的。留学生识记汉字是有一个发展过程的，最初是盲目的识记，随着汉字知识的积累，发展到以思维活动为主的意义记忆，而建立这种过渡的有效途径就是部件切分理论。对外汉语教学对象大部分已是成年人，他们已具有归纳总结能力，对于无规律可循的知识会觉得茫然，学了这一个汉字，下一个还是完全陌生的。利用部件原理，使字与字之间建立一定的联系，体现汉字的系统性，为汉字结构分析、字源分析、形旁声旁分析提供基础

首先，利用部件进行对外汉字教学，要充分发挥其直观性，结合汉字结构进行讲解。汉字结构是全方位的，有上下、左右、内外、中心与四角几种基本结构，教师可以采用部件图片来演示汉字结构的组成，有些部件在合体字中的位置常常是固定的。如"氵、忄、亻"在构字中的位置常常是在左边，教师在教学过程中要体现这些组合规律，使留学生建立对汉字的感性认识。汉字部件具有组合能力强的特点，在学生初学汉语的阶段，如果能随时安排一些练习和汉字游戏，对提高学生的学习兴趣和巩固汉字知识会收到事半功倍的效果。其中，最常用的方法就是按照部件对汉字进行归类。可以采取不断循环的方式，在学习新汉字的时候，如果以前出现过带有相同部件的汉字尽量进行联系。这样，学生一方面可以复习曾经学过的汉字，另一方面也可加深对于新字的印象。

其次，成字部件大部分是独体字，在留学生刚开始接触汉字时，独体字教学很重要。这些成字部件是构成合体字的重要组成部分，同时这些成字部件笔画较少，结构简单，容易记忆。教师在教学过程中，可以把形近的成字部件成组介绍，"木—禾—米—术"、"未—末"、"牛—年"、"十—千"、"己—已—巳"等。此外，有些非成字部件是成字部件的变体，"心—忄""人—亻"，教师也要把这些关系给学生介绍清楚，应该引导学生按照汉字的部件而不是按笔画来记忆字形，这样就会降低记忆汉字的难度，增加记忆的效果。例如"学"字，按笔画的话，要记8画，可是如果按部件来记忆的话，只需要记两个部件就可以了。一般来说，人们往往把一个事物划分成数个记忆单位来记，而在人的单位时间内能记住的记忆单位是有限的。记忆单位越少，就越便于记忆，印象也就更加深刻一些。如果以笔画为记忆单位，《汉语水平词汇与汉字等级大纲》中2 905个汉字，9画字最多，其次是10画字和11画字，平均每个字的笔画数为10.75个，也就是说学生平均要记10个记忆单位才能记住一个汉字，这10个单位之间又找不到什么联系，显然这对学生来说是十分困难的，也是一个极大的挑战和负担。相反，如果以部件为记忆单位和教学单位，一般学生只需要记住两三个单位就可以记住一个字，而且成字部件又有具体读音和意思，容易联想，记忆效果就会好很多。

另外，留学生从识记汉字第一天起就在寻找增加识记汉字结构和意义间的关系，即采用有目的的方式把其有潜在意义的学习材料同已有的认识结构联系起来，进行信息加工。汉字是由"音符""意符""记号"组成的。有的部件是可以固定充当音符或意符的，如成字部件"冈"，在组字中固定充当音符，"刚、钢、纲、岗"。有些成字部件多作意符，如"木"，"树、杨、柳、松、柏"等。教师在遇到这样的部件时还是要讲解清楚，帮助学生建立"汉字组合也是有规律可循"的观念，帮助解决留学生学习汉字的难题。

对外汉语教学的发展离不开汉字本体研究，汉字本体研究成果可以帮助解决汉字教学上的一些难点。部件理论虽然不能解决对外汉字教学的一切问题，但它在留学生初识汉字的阶段，对消除畏惧感，掌握汉字结构规律，还是十分有效的。

三、切分出实用的教学部件十分重要

费锦昌认为"部件是现代汉字学形中具有独立组字能力的构字单位,它大于或等于笔画,小于或等于整字"。大多数汉字是由两个或两个以上大于笔画,小于或等于整字结构单位组合而成的,这些结构单位就是部件,部件是对汉字进行一次或多次切分后得到的基本结构单位,有少数部件就是一个笔画,大多数部件不止一个笔画,而是一些相交或相离组合在一起作为构字单位的笔画组合。根据不同的原则切分出来的部件也不完全相同。高家莺等人对部件切分提出了三条原则:切分部件要从服务对象的不同特点、不同需要出发;切分要尽量减少部件数目;切分要简易,便于人们掌握。把部件理论应用在对外汉语教学中,首先要考虑到的就是对外汉字教学的目的是寻找科学有效的汉字教学方法,提高留学生学习汉字的效率。崔永华曾谈到用"部件规范"来切分部件是为中文信息处理用的,不完全适合对外汉语教学需要,因此在对外汉字教学中进行部件切分要做适当调整。

从汉字本体研究角度考虑的部件切分,要体现汉字结构组合的层次性,要分出一级部件、二级部件、三级部件,直到末级部件。在留学生初学汉字阶段,教师不适合采用这种部件切分方法。笔者对《汉语水平词汇与汉字等级大纲》中的甲级字进行切分,目的是找出组合大纲中 3 000 多字的基本部件,在初级汉字教学阶段,减轻学习汉字记忆负担,提高学习效率,并逐渐了解汉字基本组合。按此原则,对《汉语水平词汇与汉字等级大纲》共切分出 142 个成字部件和 73 个非成字部件。如果按一级、二级、末级部件教给学生的反而会增加学生的记忆负担。对外汉字教学中部件切分的目的是找出基本组字部件,使留学生识记汉字有规律可循。如"脚"切分出三个部件"月—去—阝","月"和"去"比较简单,学会了以后,再见到"脚"就不觉陌生。

汉字部件在汉字本体研究中是指"不再进行拆分的部件"。而在对外汉字教学中,不一定完全遵循这个原则,部件拆分应遵循便于记忆、具有一定的完整性,并且具有较强的组字能力的原则。比较简单的独体字同时又具有一定的组字能力,适当地可以不拆。如"冈、青、非"都既可以作为独体字又可以作为成字部件教给学生。

总而言之,部件原理在对外汉语教学中应该有限度地使用,部件切分遵循意义成字率原则、最小原则、完整原则和便于理解记忆原则。如"飞"可以切分为"乁、ㄑ",但这个字本身笔画就比较简单,容易记忆,拆分反而还要讲解道理,弄巧成拙。

根据以上部件切分原则,笔者对《汉语水平词汇与汉字等级大纲》中的 800 个甲级字进行切分,得出成字部件 142 个和非成字部件 73 个,其中非成字部件又可分为单笔部件和复笔部件,因篇幅原因,这里只列举 142 个成字部件。

成字部件:土、口、用、刀、牛、女、且、田、斤、又、小、日、月、米、工、九、西、尤、木、尸、八、见、力、上、下、开、目、禾、斗、亥、犬、立、来、匕、乐、二、凶、王、里、厂、歹、两、耳、车、四、矢、勿、山、十、互、户、戈、千、不、由、人、火、几、及、己、贝、大、豖、门、夕、寸、父、去、六、巾、长、乙、卜、牙、舟、虫、已、勺、也、巴、毛、更、冈、千、广、亡、母、东、屯、我、而、儿、习、良、万、飞、非、甫、雨、头、四、民、手、乃、年、爪、业、西、平、瓦、丸、壬、身、申、土、书、术、垂、天、才、未、末、韦、为、自、与、午、央、乍、束、氏、止、弓、廿、了、全、青、永、片、穴、皿、页。

汉字传递着音、义、形的信息，而这三者的结合载信息量很大，留学生记汉字既要辨认字形本身的结构，又要建立字形与字音、字义的联系。在具体教学实践中教师使用部件原理要讲究教学方法，采用灵活的方式，提高学生的认识记忆汉字的效率。

第五节　从汉字习得角度看单笔部件拆分

部件大于笔画，从原则上说，单笔画不能成为部件。可是"一"和"乙"既是笔画，又是部件，还是整字，这是汉字拆分不能回避的问题。如果承认单笔画可以成为部件，那么单笔画在多大范围内可以成为部件？怎么来区分这个单笔画部件？这是目前还没有完全解决的问题。本节从外国留学生学习汉字的角度，区分了有效拆分和无效拆分，并提出了拆分原则。

一、单笔部件的合法地位

第一，傅永和提出，"部件是构成合体字的最小笔画结构单位，其下限必须大于基本笔画，上限小于复合偏旁"。由于把单笔画排除在部件之外，他对《辞海》（1979年版）所收的11834个规范汉字统计出的部件，不可避免地包含了不少含有单笔画的整字。如"乱、处、扎、礼、氕、旧、轧、幻、币、卫、个、年、乳、承、书、凸、乒、乓、再、卅"等。范可育认为"单独的笔画如果独立成字（如'一''乙'），则独立作部件；否则一律附属于邻近的结构块儿"。但同时又承认：这样处理会把相离关系的许多结构成分，如"旦""画""乱""孔""胤"等字中的"一""凵""乚""丿"都与旁边的结构成分捆在一起，成为独立的成字部件，这与一般人对字形拆分的感觉不一致，给汉字教学带来不便。

第二，部件大于笔画，从原则上说，单笔画不能成为部件。可是"一"和"乙"既是笔画，又是部件，还是整字，这是汉字拆分不能回避的问题。像"旦、灭、亿、艺"等字中的"一"和"乙"，它们在构字上具有相对独立性，是汉字基本结构中的一部分，这种情况迫使人们承认单笔画部件的存在。

除了"一"和"乙"之外，现代汉字中还有多少这样的部件？"旧、孔、幻、扎"等中相离的单笔画是不是部件？"太、主、广"中的点笔算不算部件？这就引出了另外一个问题，如果承认单笔画可以成为部件，那么单笔画在多大范围内可以成为部件？怎么来区分这个单笔画部件？如果没有一个原则加以区分的话，所有的字就有可能都拆分到笔画，显然这是不可行的，也不符合汉字的构字规律。

第三，一些学者针对这样的情况提出了自己的解决办法。费锦昌认为"从现代汉字字形的实际出发，把在字形中占有相对独立地位的单一笔画也定为可以拆分的部件，不妨称之为'单笔部件'。"苏培成认为"笔画等于部件是有条件的，不是任何时候笔画都可以成为部件。"具体的条件是，"处于分离状态的横、竖、撇、折等，也单独构成部件。"后来他又做出了新的限制，"附着性是单笔画的本质属性，这和部件不同，部件具有一定的独立性，就是能够独立地参与构字。有的单笔画在构字时，带有相对的独立性，类似部件，对这样的单笔画要分开。如何区分附着性和相对独立性？就是要看它在整字中占据的位置"。从汉字学习和教学的实际来看，拆分出单笔部件，让单笔部件取得合法地位也是十分必要的。

二、单笔部件的拆分分歧

（一）承认单笔部件的合法地位

承认单笔部件的合法地位，在部件理论上确实是一个进步，将一定的笔画纳入部件范围，基本上得到了大家的认可，但是为了避免对汉字做无限制的拆分，单笔部件的运用必须慎而又慎。明确笔画究竟是直接作构字单位还是先作部件单位十分重要。吴铮指出"承认单笔部件的合法性与严格限制单笔部件的构字范围，这两方面均不可偏废"。在把单笔作为部件看待时，其作用和地位应相当于与其相应的多笔部件。在拆分单笔笔画时，遇到的问题主要有以下几种。

（二）关于"一"的拆分问题

确定了单笔部件的合法性之后，拆分中往往遇到"一"的拆分和归属问题。

① "二、三"中的"一"是否拆分出来？也就是相离笔画是否拆分的问题。独体字中如果不能保证拆分出来的其中一部分是复合笔画，则不宜继续拆分，否则所有的字就会拆分到笔画。"二、三"中的"一"直接构字，不存在构字层层次的问题，因此不宜拆分。

② "旦、韭"中的"一"是否拆分出来？也就是相离和相接笔画是否拆分的问题。从字源上来说，下面的一横的意义是相同的，但是现代汉字中其笔画组合关系发生了变化，所以导致"从形"拆分时做了不同处理。有人拆分"旦"，而不拆分"韭"。由于不考虑分割沟，费锦昌对含"一"的字，有的做了拆分，如"韭"字；有的不做拆分，如"丽"字。

③ "正、天"中的"一"是否拆分出来？也就是独体和合体的区分问题。在"正""天""灭""再"等字中，如果将"一"视为字，可再拆分，意即把它们看作合体字。如果视为相接的笔画，按苏培成、晓东的理论则不能拆分，意即把它看作独体字。

国家语言文字工作委员会发布的《信息处理用 GB13000.1 字符集汉字部件规范》对于同样是相接的横笔，也做了不同的处理。"正"拆分成"一"和"止"，而"雨"里的横像天，"兀"的"一"在"儿"上，就没有拆分。据统计，横笔在《辞海》的正体字中出现频度最高，约为 30%。笔者认为可以利用"一"的量属性，尽量将"一"从字中拆分出来，这样可以提高多笔部件的统字率。

④ "示、宁"中拆分出"一"还是"二"？也就是笔画间的关系问题。从识字教学来看，如果拆分时不考虑笔画间的关系，拆分方式很难确定，拆分的部件也不能发挥理想的作用。如"示""宁"的拆分，苏培成和晓东以成字优先原则拆分为"二"和"小"，"一"和"丁"。傅永和把"云"字拆分为"一"和"乙"，苏培成、晓东则拆分为"二"和"厶"。

⑤ "土、士"中的"一"拆分后怎么处理？也就是笔形的关系问题。费锦昌提出单笔部件理论后，"土"和"士"的拆分结果就都是"十"和"一"了。汉字笔形不仅有区别字义的作用，也有美观的价值。所以该长的则长，该短的则短。长短颠倒有时候虽然不会变为另外一个字，但也会被认为是错误的。从汉字学习的角度来考虑，拆分成"十"和"一"确有必要，但应该明确长横和短横在构字价值和构字意义上的不同。

（三）关于点笔的拆分处理

点笔在字形里的位置十分灵活，如"广""玉""叉""器""令"等字中，点的位置各不相同，而且点笔还包含了一部分捺笔的变形。从直观上看，点笔在字形结构中所占平面也较小，不能与其他笔画相比，也不能与其他组合的笔画块相提并论。点画一般不处于字的核心部位，因此，苏培成主张不做拆分。陈爱文、陈朱鹤指出，单独的点笔一般附属于它邻近的结构块。但有相当一部分字中的点笔看起来与其他部件的作用相当，或者对相邻笔画块的独立组合没有影响。如"乓""勺""玉""主""太""犬""户""广"等字。在费锦昌的拆分理论中没有排除点笔的拆分，但也造成了新的问题。如"太"和"犬"、"主"和"玉"等字，拆分之后部件完全相同。

（四）关于其他单笔问题

现代汉字字形中，还有其他单笔画需要在拆分时考虑，例如"丨""乚"等。"币"中的"丿"和繁体字中"敝"是等价的，但现代汉字中是拆分出来呢？还是看作一个整体呢？以上种种拆分分歧，涉及汉字的拆分原则问题，而拆分原则又是由拆分目的和用途决定的。

三、单笔部件的拆分原则

（一）单笔部件拆分的分歧，其根本原因是出发点不同

对于部件的拆分，我们认为可以区分必要拆分和不必要拆分。必要拆分即必须对汉字进行的拆分，不必要拆分即无用拆分，它指在某一范围内的无效拆分。对于汉字编码来说，

将汉字拆分至基础部件是必要拆分，如果再将基础部件拆分成笔画则是不必要拆分。对于识字教育来说，将独体字拆分成笔画或将基础部件拆分成笔画则是必要拆分，因为笔顺、笔形、笔画组合、笔画数是识字的一项重要内容，不拆分到笔画就难以建立正确的汉字观。以"日"为例，基于编码输入的拆分，可以把它作为一个基础部件，因为考虑到它的组合性频率比较高。而以汉语教学为目的的识字教学，可以考虑分为"口"和"一"，然后结合字源进行讲解。所以明确拆分目的，明确服务对象，是决定拆分原则的前提。拆分的目的是组合，我们这里讨论的是从对外汉字教学角度，立足于汉字部件组合来拆分汉字的。

（二）对外汉字教学是有阶段性的

对外汉字教学是有阶段性的，但无论无论如何，外国人学汉字都要选择一批汉字突破"零"。王宁指出："识字教学是分阶段进行的，每到一个阶段，教学方法和策略都要因积累的不同而发生变化。"我们分析单笔部件也应该针对留学生学习汉字的不同阶段，采取不同的方法。留学生接触汉字，应该是从笔画开始的，这从我们现有的对外汉语教材中都能得到验证。笔画是认知汉字的前提，尤其对于现代汉字来说，不学习汉字笔画和笔画组合规律，而直接书写是不大可能的（单纯认知和电脑输入是例外）。所以对于单笔部件，建议采取如下拆分原则。

① 单笔临近某个结构块儿的，如果结构块儿是高频字（比如按降频排列的前1 000个），可以考虑拆分出单笔部件。以"主"和"玉"为例，其中单笔画点的临近结构块儿是"王"，而"王"是个常用字，所以从教学的角度这两个字可以拆分成"王""、"两个部件。这样拆分会给教学带来很大的便利。首先，"王"是由基本笔画组成的字，横和竖是学生一接触汉字的时候首先要学到的，那么由横和竖组成的汉字也是最先接触到的，例如"一、二、三、十、工、王"等。其次，点笔同样是汉字五种基本笔画"横竖撇点折"中的一个元素，也是学生最早接触的基本笔形之一。那么常用字和常用笔形的组合，从认知上说，应该是容易记忆的。再次，从字源上来说，"主"和"玉"又都是可以分析的，"主"是"炷"的本字，下面的"王"是蜡烛、灯台等的底座，上面一点是火苗。"玉"中的一点也是后加的，本来"王"就是"玉"的本字。最后，这两个字的构成要素是相同的，我们还可以比较"、"的位置不同，所组成的汉字的意思也不同，另外如"刃、广、太、犬"等。当学生学会了这两个基本汉字之后，再接触到包含"主"和"玉"部件的汉字后，就可以将它们作为一个整体来教学了，如由"主"构成的字"住、驻、柱、注、炷、拄、蛀"等。

如果单笔邻近的结构块儿为非常用字，则可以不必拆分，如"戈、尤、门、少"等字。这样的拆分看起来有点实用主义，但笔者认为其标准是可以掌握的，对汉字教学也是有利的。

② 含有相离单笔的字，如果有明显的分割沟，沿着分割沟进行拆分。从汉字字形的平面特点来分析，汉字字形经过几千年的演变，平直笔画越来越规范。按中国文字工作委

员会和武汉大学对《辞海》正体字的统计,横、竖笔形出现的频率是最高的,分别约为30%和19%。正因为横、竖笔形在平面范围内较为密集的分布,在直观上形成了一条条的平行线,这些平行线间的间隔就是一定意义上所说的"分割沟"。"分割沟"在人们识记汉字方面的影响却是客观存在的。例如,人们往往以"分割沟"为识记汉字的标志。比如人们常说"木子李""弓长张""言午许"等,又如在习惯上以"立早章"来称说"章"字,很少有人称说"音十章"的。这样,我们就可以把单笔区分出来。如"扎、旧、旦、幻、引、亘、鱼"等字,应该看成部件和笔画共同组成的字,加以拆分。

③ 两个单笔交叉、粘连则不能拆分。相交叉的笔画可以看成一个结构块儿,如"十、七、力"等。相粘连的笔画也可以看作结构块儿,而不再进行拆分。如"丁、人、厂、几"等。因为从教学的角度来说,它们是由基本笔画构成的字,这个阶段的汉字学习,处于笔画学习阶段,而不可能是部件教学阶段。

④ 相离的笔画组合中,平行或内敛的笔画不宜再拆分出单笔部件。相离笔画组合中平行的笔画,如"川、三、二、多"等字中的单笔,就不是部件。相离笔画组合中的内敛笔画,也不宜再拆分出单笔画部件。一方面是因为其构成元素都是基本笔画,另一方面是因为其组字时经常作为一个整体使用,继续拆分没有实际意义。

四、单笔部件的教学价值

① 初级阶段的汉字学习是一个将笔画积累成结构块儿的过程,单笔部件是学习汉字不可逾越的一个过程。初级阶段的汉字教学和汉字学习不可能采用完全的部件教学。

② 从汉字习得研究的实验来看,也证明了这一点。王建勤通过对欧美学生汉字笔画教学和部件教学的实验得出了结论:"在汉字教学的初级阶段,由于学习者识字量太少,还不具备足够的通过归纳和概括形成部件认知效应的感性材料。这种部件表征的建立仍然需要较长的时日。"

③ 所以笔画教学、笔画和基础部件组合教学应该是汉语初级水平阶段的主要教学方法。外国留学生汉字学习应该遵循的顺序是:笔画与笔画相组合(基础部件或汉字)—笔画与笔画块组合(基础部件或汉字)—笔画块与笔画块相组合(二级组合到多层组合,汉字)。

五、对留学生单笔部件认知的调查分析

(一)调查说明问卷的设计

为了调查不同阶段的留学生对单笔部件的认知情况,我们对零起点、初级、中级和高级班的留学生做了问卷调查。

1. 调查目的

① 含单笔部件的汉字，留学生按照自己现阶段的学习方法是怎么记的？按整字记忆、按熟悉的字增加或减少一个单笔部件记忆，还是用别的办法。

② 留学生是否能够接受在已熟悉的汉字上添加或减少一个单笔部件来记忆新汉字。不同结构的汉字对这种方法的利用率是否不同。

③ 不同阶段的学生接受这种方法的程度是否不同。

2. 调查对象

零起点、初级、中级、高级的非汉字文化圈留学生，每个等级各10人，一共40人，有效问卷40份。学生情况如下：

零起点：刚刚学习汉语两个月，每周上课五天，每天四节，只认识非常简单的汉字。

初级班：已经学习汉语大约半年，每周上课五天，每天四节。

中级班：已经学习汉语1~2年，每周上课五天，每天四节。

高级班：已经学习汉语超过2年，每周上课五天，每天四节。

3. 调查方法

以书面的调查问卷形式，要求外国留学生当场做答。（参加本次调查的非汉字文化圈的留学生都学过英语，完全看得懂英文版问卷。调查人员在一旁及时回答留学生对题目的疑问，以确保问卷的可信度。）

4. 材料及要求

本调查选出的36个目标字，都是单笔部件与本篇高频字相离、相接、相接以及包含在某字内部的汉字，四种结构的数量各12个、12个、9个、3个。这些目标字有的是学过的，有的没有学过，但是大部分目标字增加或减少一个单笔部件都可以变成留学生熟悉的汉字。对于学过的目标字，要求留学生选出或写出按照自己现阶段记忆该字的方法，没学过的目标字也要求留学生写出按照自己现阶段的学习习惯而使用的记忆方法。

（二）问卷统计

1. 统计内容

为了调查留学生对表中汉字的习得情况，我们将分别对零起点、初级、中级的问卷就以下问题进行统计。

（1）单个汉字的习得情况

这些含单笔部件的汉字，留学生是怎么记的。A. 整字记。B. 利用熟悉的字增加或减少一个单笔部件来帮助记忆。

留学生是否认为，利用熟悉的字增加或减少一个单笔部件能帮助记忆新字，这种记忆方法以下简称"单笔记",我们用"好,一般,不好"三个标准来统计。

(2)汉字结构对单笔部件利用的影响

在统计完单个汉字的习得情况之后,我们利用这些数据进行下面一些总体方面的统计。

总的来说,这四种结构的含单笔部件的汉字,留学生分别是怎么记的。A.整字记。B.单笔记。C.别的方法。

"单笔记"对不同结构的汉字是否都有好处。我们用"好,一般,不好"三个标准来统计不同阶段的留学生接受"单笔记"的程度是否不同。

2. 统计方法

(1)36个目标字的分类

首先,分别统计出零起点、初级、中级、高级的留学生对各个单字的习得情况。由于是否利用"单笔记"牵涉到拆出单笔部件后剩下的汉字是否认识的问题,我们推测:如果拆出单笔部件后剩下的字已学过,则留学生倾向于用单笔记,反之,如果拆出单笔部件后剩下的字未学过,则倾向于记忆整字。因此,我们还要在每一种结构内对目标字做分类。

我们把目标字记为"X+1",拆出单笔部件后剩下的字记为"X"。如果某个目标字中的"X"是同一级别的留学生都学过的,则该目标字归为 A 类,如果某个目标字中的"X"不是同一级别的留学生都学过的,则该目标字归为 B 类。以零起点班的问卷中"旦""户""广"为例:

"日",每个接受调查的留学生都学过,所以"旦"归为该阶段 A 类字。"尸"每个接受调查的留学生都没有学过,所以"户"归为该阶段 B 类字。"厂"有些接受调查的留学生学过,有些没有,所以"广"也归为该阶段 B 类字。我们根据每个等级调查问卷的具体情况,再做适当的调整。比如"广"在高级班问卷中就归为 A 类字,因为"厂"是每一位接受调查的高级阶段留学生都学过的。

下面,我们仅根据零起点阶段学生调查问卷所体现的情况,把四种结构的汉字做如下分类。

相离结构(下面简称"相离")中,属于 A 类字的有"旦、旧、刃、太、犬、主、玉、术",属于 B 类的字有"广、户、乱、买"。

相接结构(下面简称"相接")中,属于 A 类字的有"天、百、灭、丛、白、丢、禾、自、令",属于 B 类的字有"歹、币、产"。

相交结构(下面简称"相交"),属于 A 类字的有"本、末、串、申、电、必、斥、丸、啄",没有 B 类字。

单笔部件包含在常用字中的结构(下面简称"包含"),属于 A 类字的有"叉、凡",属于 B 类的字有"鸟、乌"。("乌"是目标字,即要求写出记忆方法的汉字。)

以上汉字的分类,我们根据每个等级的调查问卷的具体情况,再做适当的调整。比如零起点和初级阶段,接受调查的留学生有些不认识"鸟",因此,"鸟"作为B类字。但是到了中高级阶段,接受调查的留学生都学过"鸟",所以,"鸟"就列为该阶段的A类汉字。

由于此次的调查目的之一就是留学生是否认为利用熟悉的字增加或减少一个单笔部件能帮助记忆新字,因此,我们的调查对象就是各阶段的A类字。另外,因调查规模比较小,B类目标字有限,还不足以对B类汉字的各个因素做有大量事实依据的详尽分析,因此这里暂不对B类字的习得情况进行统计。

(2)具体统计方法

单个汉字的习得情况:我们只统计每个汉字记忆方法的例数,不统计百分比。以零起点留学生为例,A类字"旦"的统计方法如下:"旦"用"整字记"共3人,用"单笔"共7人;觉得用"单笔"好的共7人,"一般"的共3人,"不好"的共0人。

总记各阶段的留学生对每一种结构的汉字的习得情况:此时,用整字记的例数是把某一种结构中每个汉字按整字记的人数累加得出的数据,以零起点阶段相离结构的情况为例:

A类汉字(旦、旧、刃、太、犬、主、玉、术):用"整字记"共24例(即累加这8个汉字用整字记的次数,"旦"3次,"旧"3次,"刃"4次,"太"3次,"犬"2次,"主"5次,"玉"2次,"术"2次,一共是24次);用"单笔记"共56例,分别占30%和70%(24/80=30%,56/80=70%,分母"80"是"整字记"和"单笔记"的例数总和);觉得"利用单笔部件"好记的共66例,占82.5%;"一般"的共14例,占27.5%;"不好"的共0例,占0%。

另外,为了比较留学生本身利用"单笔记"和觉得"单笔记"好的数量,我们还计算了一个反差值,即觉得"单笔记"好的与本身利用"单笔记"的数量差(前者减去后者)。

(三)统计结果及讨论

首先,我们分别列出四个等级的单笔部件习得情况的统计结果。由于零起点和初级阶段的情况较类似,而中级和高级阶段的情况也较类似,因此,我们把前两阶段的统计结果合在一起比较,然后再比较后两阶段的统计结果。

1. 各阶段单笔部件习得情况的统计结果

① 零起点A类汉字,见表5-1。

表5-1 零起点A类汉字统计结果

	目标字	整字记	单笔记	觉得利用"单笔记"好吗?			反差值
				好	一般	不好	
相离80例	旦、旧、刃、术、主、玉、太、犬	24 (30%)	56 (70%)	66 (82.5%)	14 (17.5%)	0 (0%)	12.5%

续 表

目标字		整字记	单笔记	觉得利用"单笔记"好吗？			反差值
				好	一般	不好	
相接90例	天、灭、丛、白、百、丢、禾、自、令	39（43.3%）	51（56.7%）	68（75.6%）	21（23.2%）	1（1.2%）	18.9%
相交90例	本、末、串、申、电、必、斥、丸、啄	33（36.7%）	57（63.3%）	76（84.4%）	14（15.6%）	0（0%）	21.1%
包含20例	叉、凡	6（30%）	14（70%）	15（75%）	5（25%）	0（0%）	5%
总记280例		102（36.4%）	178（63.6%）	225（80.4%）	54（19.3%）	1（0.3%）	16.8%

② 初级阶段 A 类汉字，见表 5-2。

表5-2 初级阶段A类字统计结果

目标字		整字记	单笔记	觉得利用"单笔记"好吗？			反差值
				好	一般	不好	
相离90例	旦、旧、刃、术、买、中、玉、太、犬	34（37.8%）	56（62.2%）	68（75.6%）	13（14.4%）	9（10%）	13.4%
相接90例	天、灭、丛、白、百、丢、禾、自、令	37（41.1%）	53（58.9%）	72（80%）	9（10%）	9（10%）	21.1%
相交90例	本、末、串、申、币、斥、丸、电、啄	23（25.6%）	67（74.4%）	72（80%）	9（10%）	9（10%）	5.6%
包含20例	叉、凡	6（30%）	14（70%）	16（80%）	2（10%）	2（10%）	10%
总记290例		100（34.5%）	190（65.5%）	228（78.6%）	33（11.4%）	29（10%）	13.1%

③ 中级阶段和 A 类汉字，见表 5-4。

表5-4　中高级阶段A类字统计结果

目标字		整字记	单笔记	觉得利用"单笔记"好吗？			反差值
				好	一般	不好	
相离90例	旦、旧、刃、术、主、玉、太、犬	42（46.7%）	48（53.3%）	53（58.9%）	31（34.4%）	6（6.7%）	5.6%
相接100例	天、灭、丛、白、百、丢、禾、自、令	63（63%）	37（37%）	52（52%）	33（33%）	16（15%）	15%
相交90例	本、末、串、申、必、斥、丸、电、啄	57（63.3%）	33（36.7%）	53（58.9%）	32（35.6%）	5（5.5%）	22.2%
包含30例	叉、凡、乌	14（46.7%）	16（53.3%）	20（66.7%）	8（26.7%）	2（6.6%）	13.4%
总记310例		176（56.8%）	134（43.2%）	178（57.5%）	104（33.5%）	29（9.2%）	14.3%

④ 高级阶段和 A 类汉字，见表 5-4。

表5-4　高级阶段A类字统计结果

目标字		整字记	单笔记	觉得利用"单笔记"好吗？			反差值
				好	一般	不好	
相离100例	旦、旧、刃、术、主、太、犬、玉	54（54%）	46（46%）	51（51%）	26（26%）	23（23%）	5%
相接110例	天、灭、丛、白、百、丢、禾、自、令	71（64.5%）	39（35.5%）	57（51.8%）	23（20.9%）	30（27.3%）	16.3%
相交90例	本、末、串、申、必、斥、丸、电、啄	52（57.8%）	38（42.2%）	57（63.3%）	24（26.7%）	9（10%）	21.1%
包含30例	叉、凡、乌	16（53.3%）	14（46.7%）	17（56.7%）	11（36.4%）	2（6.9%）	10%
总记330例		193（58.5%）	137（41.5%）	182（55.2%）	84（25.4%）	64（19.4%）	13.7%

2. 各阶段单笔部件习得情况的讨论

（1）总体情况

总的来说，各种结构的汉字，每个阶段的留学生都能接受通过单笔部件的增减的方法来识记。

零起点和初级阶段的留学生自己学习的时候倾向于"单笔记"，其比例分别高达到63.6%和65.5%；而整字记忆的比例分别只有36.4%和34.5%。而且，觉得"单笔记"好的比例都比他们本身按"单笔记"的比例高，零起点阶段最为明显，其比例高达80.4%，反差值为16.8%；初级阶段的比例为78.6%，反差值为13.1%。

中高级阶段的情况有较大的差别。这两个阶段的留学生自己学习的时候倾向于整字记，整字记的比例分别是56.8%和58.5%，"单笔记"的比例分别只有43.2%和41.5%。觉得"单笔记"好的比例也不太高，分别只有57.5%和55.2%。

这个统计结果显示，接触汉字两个月到半年的留学生，能够对汉字进行一定的分析、比较，可以在一定程度上，利用单笔部件的增减来识记新字。姜丽萍的调查也表明，留学生学习一个月左右之后逐步进入第二阶段，这一阶段以义形记忆为主。他们试图运用自己已有的知识结构对汉字进行分析、比较和概括，以此记忆汉字，主要采用"组块"记忆、"联想"记忆等方式；而之前的一个月，也就是学习汉语的第一个阶段，他们主要以音形记忆为主，书写时照葫芦画瓢。

另外，大部分接受调查的零起点和初级阶段的留学生有类似这样的口头说明：教师教的时候如果运用单笔部件，那么他们记忆的时候倾向于"单笔记"，此次调查问卷中的一些目标字，他们的教师也这样教，所以他们这样记。而且，如果拆分出单笔后，剩下的是认识的汉字，则更喜欢拆，反之，则不太喜欢拆。这也给我们一个启示，教师的讲解或课文中的单笔部件介绍是非常重要的，将会起到很好的引导作用。

然而，我们的数据也显示，中高级学生则不太倾向于利用单笔部件的增减来识记新字。我们推测，因为根据部件只在低频字中产生效应，而高频字中不产生效应，这些目标字大部分是中高级学生熟悉的，因此，按照他们现阶段的识记该字的方法，则倾向于整字记。而对前两阶段留学生来说，较多的目标字没有学过，或者不太熟悉，是他们"心理字库"中的低频字，因此，他们更倾向于单笔记。

基于以上分析，笔者认为，单笔部件教学从汉字学习的开始阶段就可以引入，逐步培养学生观察、比较和概括的能力。

（2）汉字结构对单笔部件利用率的影响

总的来说，不同阶段的留学生自己学习的时候，对不同结构的汉字利用"单笔记"的比例不同。但是，统计结果却发现了一些规律：一般来说，"相离"和"包含"的单笔部件利用率高，而"相接"和"相交"的单笔利用率低，尤其是"相接"，几乎每个阶段的相离结构的汉字，利用"单笔记"的比例都是最低的。如表5-5所示。

表5-5 "单笔记"利用率统计表

单笔部件利用率	零起点	初级	中级	高级
比例高的	相离（70%）包含（75%）	相交（74.4%）	相离（53.3%）包含（66.7%）	包含（56.7%）相离（46%）
比例低的	相接（56.7%）	相接（58.9%）	相接（37%）相交（36.7%）	相接（35.5%）

以上数据表明，分割沟对留学生识记汉字也起着较大的作用，因此相离结构的汉字，留学生自己倾向于"单笔记"。另外，由于独体字的识别存在框架效应，"包含"结构则很好地保存了学生熟悉的汉字的框架，因此，比较能引起学生的注意。我们中国人的学习经验也证明，当遇到框架一样的两个字，我们多看上一眼，把细节加以确认，因此"包含"结构的汉字，留学生自己也倾向于"单笔记"。而"相接"和"相交"的汉字是传统的独体字，字形具有较强的整体性，因此留学生相对不易看出这两种结构中包含自己熟悉的汉字，所以相对倾向于整字记。

（3）不同的结构接受"单笔记"的程度

对于是否觉得"单笔记""对识记汉字有好处，不同阶段的留学生对不同结构的汉字的看法不一样。零起点和初级阶段更能接受"单笔记"，二者比例分别为80.4%和78.6%，而中高级则一般，二者的比例分别为57.5%和55.2%，与零起点和初级阶段有明显的差别。我们还可以从数据中发现这样一些规律：各个级别的留学生普遍觉得相交结构的汉字利用"单笔记"更好，特别是初级阶段，而相接结构，相对来说，接受"单笔记"的比例低（见表5-6）。

表5-6 "单笔记"程度的统计表

接受"单笔记"的程度	零起点	初级	中级	高级
比例高的	相交（84.4%）相离（82.5%）	相交（80%）包含（80%）相接（80%）	包含（66.7%）相交（58.9%）相离（58.9%）	相交（63.3%）包含（56.7%）
比例低的	包含（75%）相接（75.6%）	相离（75.6%）	相接（52%）	相离（51%）相接（51.8%）
总计	（80.4%）	（78.6%）	（57.5%）	（55.2%）

单笔部件与高频字相接、相交的汉字，基本上属于传统独体字，这一点本节不做进一步分析。由于独体字的识别存在框架效应，所谓框架效应，就是构成一个字框架的笔画，是除该字的点、钩、提、短的横、竖、撇、捺外的其他笔画。而此次所调查的相接结构的目标字"天、灭、丛、白、百、丢、禾、自、令"，每个字的单笔部件都是充当框架结构的一个部分，另外，周先庚发现字的上半部较下半部分更为重要，刘英茂证明字的始笔

部位比末笔部位提供更多的信息,而目标字的单笔部件处于字的始笔部位,同时也处于字的上部,因此,拆分出这些单笔部件对独体字整体的识别有一定的影响,所以本次调查中对于相接结构的汉字,学生接受"单笔记"的程度相对较低,而且他们本身用"单笔记"的比例相对较少。而相交结构9个汉字"本、末、串、申、电、必、斥、丸、啄"中,"本、斥、丸、啄"四个字中的单笔部件不充当整字的结构框架成分,而且,除了"末"以外,其余8个汉字的单笔部件既不处于字的始笔部位,也不是字的上部,因此,拆分出这些单笔部件对汉字整体的识别影响较小。所以本次调查中对于相交结构的汉字,学生接受"单笔记"的程度相对较高,而且他们本身用"单笔记"的比例比相接结构多。

(四) 所得到的启示

总的来说,各种结构的汉字,每个阶段的留学生都能接受通过单笔部件的增减的方法来识记。零起点和初级阶段的留学生自己学习的时候相对倾向于"单笔记",中高级阶段则相对倾向于整字记。

汉字结构对单笔部件的利用率有较大的影响。一般来说,"相离"和"包含"的单笔部件利用率高,而"相接"和"相交"的单笔部件利用率低,尤其是"相接",几乎每个阶段的相离结构的汉字,利用"单笔记"的比例都是最低的。

不同的结构接受"单笔记"的程度不同。零起点和初级阶段更能接受"单笔记",而中高级则一般。各个级别的留学生普遍觉得相交结构的汉字利用"单笔记"更好,特别是初级阶段,而相接结构,相对来说,接受"单笔记"的比例低。

第六节 形声字教学问题浅说

形声字在现代汉字中占有很大比例,形声字的教学是对外汉字教学的关键。现代汉字中,形声字的理据性已经大大降低,如何充分利用形声字的有效规则而排除无效规则的干扰,从而提高对外汉字的教学效率,是目前摆在我们面前的重要问题。本节从形声字规则的有限性出发,提出汉字的规律不能代替汉字教学的规律,对形声字的教学应该从更科学的角度去认识、试验、研究。

对于现代汉字中形声字所占的数量和比例,一直存在不同的统计结果。但有一个结论是可以肯定的,那就是形声字在现代汉字中占绝大多数。因此,对外汉字教学中,形声字的教学就成了汉字教学的瓶颈。最近有很多文章在谈如何利用好形声字的形旁和声旁,来提高认读汉字、书写汉字的效果,笔者完全同意这种做法。然而,我们对汉字的理据性,对形声字形旁的表意度和声旁的表音度,应该有清醒的认识,汉字的规律不能与汉字教学的规律画等号。

应该说，对于形声字的教学我们还缺乏大面积的试验以及相关的统计数字。形声字教学行为也多局限在单个或单组字的处理上，而并非像小学生集中识字教学那样系统。"按照合体字的构字规律教学"固然没有错误，问题在于我们对汉字结构规律的系统性还缺乏足够的认识。汉字教学，除了要考虑汉字本身的结构规律，还要考虑汉字习得者的习得规律、认知规律、认知心理等。如何利用已知的规律，排除汉字结构的不规则性，或者不使已知规律被不规则性的结构所干扰，就是摆在我们面前的一个重要课题。

一、形旁表义的有限性和形声字教学

形声字的形旁在多大范围内表义，是一个十分复杂的问题。有些所谓统计数字并不能成为形旁表义的根本依据。形旁表义所牵涉到的问题至少有：形旁表义是笼统粗疏和不确定的；形声字表义是靠整体字形提供的；形旁只起信息提示的作用。比如：

① 呕、吐、吃、喝、吸、喷、吹、嚼、啃、喂、唾。
② 嗅、哗、啦、叭、哼、哎。
③ 咳、嗽、咏、唱、叹、嘟、哝、吆、唬、咆、哮、吼、吵、喧、哗、啼、喊、叫、呼、唤、哼、鸣、咽、哇、哄、吩、咐、唠、叨、啰、唣、问、召、吁。
④ 咖、啡、啤、咖、喱、哗。
⑤ 吗、呀、啊、啦、呢、喔、哟。

虽然我们大致知道有的是口的动作、有的是象声词、有的是口发出的声音、有的是翻译用字、有的是感叹用字。但对于汉字教学来说，如果再加上含"口"部件的字，像"误、吴、克、如、石、兄"等，如何让留学生分辨并根据字形记忆这些汉字而不至于混淆，不至于见到具体字的时候张冠李戴，或者不造成记忆负担，就需要进一步研究。

（一）形旁与字义有联系的是一部分字，并不是所有的字

关于形旁表义度的分析数据也有不少种，李燕等的统计得出形声字形符的表意度为43.79%，需要注意是这是对7 000个通用字中的5 631个形声字的研究结果，其形旁知识来自有汉语母语背景的人。即使这样形旁对字义提示作用的效率也只有40%多一点。如"马"字旁的字，按说都与马有关，可"驳、驸、骄、驻、验、骗、骚、骤"等字，从现代汉字角度来说，其形旁在常用义上的表意度几乎是零。而另外一些字"驾、驶、驭、驰、驯"等虽然可看作和"马"的行为有关，但与"马"的直接联系不大。三点水旁的字也是这样，有些字至少从常用义上失去了与水的联系。如"沙、漠、法、没、活、消、渐、淡、浓、滞、温、渣、演"，当然有些字可以从俗文字学的角度去解释，说"活"从水的原因是，动物和植物都离不开水；说"法"从水的原因是"去掉水就没法活"。学生会自然联想到，那"涞"一定是生存的意思了。且不说汉字结构不是严格的科学体系，单就这种解释方法来说，不仅容易产生流弊，同时也具有很大的随意性。

（二）之所以有较高的形旁表义率的统计，是因为冷僻字中形旁表义的居多

我们统计了3 500个常用汉字中的形声字，同时又统计了7 000个通用汉字中的形声字，发现两者相差竟有近20个百分点。而在最常用的2 000个高频字中，形声字的形旁表义率只有15.3%。这点从汉字字书的演变统计也可略见一斑。竹字头的字，《说文解字》中，有161个，其表义度为84%；《辞海》（1979）中共288个，其表义度为40%；《新华字典》中共156个，其表义度为33%。

（三）有些字形旁的有无并不影响表义度

语言是靠声音辨义的，许多联绵词和地名用字，在造字时没有形旁，或者在使用中脱落了形旁。如：婉转—宛转。

这些异形词现在都有了规范写法，但形旁的作用以及表义度的高低还有待进一步研究。

（四）同一个字因为形旁不同而出现义形并存的现象，造成了形旁表义的复杂性

同一个字因为形旁不同而出现义形并存的现象，造成了形旁表义的复杂性。如：

缥缈—飘渺　　蹁跹—翩跹

（五）测查形旁表义的科学性远比测查声旁表音要复杂

首先我们所依据的调查对象是有母语背景的中国人。这些调查对象语文水平的高低，又直接影响着调查结果。因此，样本选定就存在着极复杂的问题。其次其表义值的确定也应当有所依据：是完全表义，还是部分表义；是种属关系，还是提示意义等。再次，义的确定也有不同标准：是根据常用义还是本义；是与一个义项相联系就算表义，还是几个义项同时考虑，诸多问题不一而足，而留学生的汉字教学是另外一种情况，他们没有汉语和汉语言的知识背景，也没有任何感性的汉字知识。他们对汉字的所有感觉均是一点一滴习得的结果。对于规律性的东西，他们是可以把握的，但对于无规律性的规则就比较困难了。留学生习得汉字的规律，远远不是汉字规律所可以解决的，形声字的教学也是这样。下面是从留学生的听写和书写中发现的问题：

谦虚—兼虚　　难—佳　　　抵达—氐大
保证—呆正　　温度—显度　　保障—保章

出现这种脱落形旁的原因，不能简单地认为是受到已有记忆的影响，或者是受到其他字形尤其是含旁字的影响，如把"抵"写成"氐"，是受了"低、底"的影响。从认知心理学的角度考察，主体对多项客体的联想反映和记忆程度主要决定于形差度，形差度越小，对记忆的干扰就越大。因此，相对于提手旁、三点水、单人旁等统字过多的偏旁来说，"兼、呆、氐"等更容易区分、记忆。我们可以讲"纸"在古代与丝有关，所以是绞丝旁，但学

生在书写时，首先来自他对字形形状的记忆，而不是想到它的意义，况且很多字的形旁与意义的联系并不直接。笔者对 100 名留学生就"口"字的笔顺做过调查，按照规范书写的只有 24%，其他写法五花八门。就"目"字来说，西方学生经常采取画字的方法。一个大"○"再套上一个小"○"。这显然是受了联想记忆的影响，没有把字形的记忆和笔画的记忆结合起来，汉字书写的记忆最终要落实到笔画和笔顺上。

二、声旁表音的局限性和形声字教学

汉字有多少形声字的声旁可以真正表音？即有多少形声字的声旁读音和整字的读音完全一致？周有光先生统计的结果是：现代汉字声旁的有效表音率是 39%。周先生的数据统计是以"含旁字"所指，其含义比声旁要宽泛一些。李燕等对 7 000 个通用字中的形声字的统计结果为，声韵完全相同的有 2 285 字，占形声结构的比例是 40.54%，而事实上，越是生僻字的表音率越高，我们对 3 500 个常用字统计的结果是 32%。高家莺与倪海曙编著的《现代汉字形声字字汇》所收的 5 990 个正字进行统计，其中一音声旁所组成的形声字中，字音与声旁读音完全相同的有 1578 个，占形声字总数的 26.3%。之所以出现这样的差距，原因在于所选材料及对材料的限制各有不同。不过，据笔者的统计结果，30% 左右的表音率应该说接近汉字的事实。那么我们是把重点放在少数有规律的形声字上呢？还是想法解决那些规律性不强的部分，以便加强学生对汉字的认识呢，答案显然是后者。

形声字的声旁表音至少存在以下问题。

① 有些形声字在造字之初，就是省声的。这部分字的表音率是受到很大限制的。如：

疫，从疒，役省声；

截，从戈，雀声。

② 声旁的表调功能是非常微弱的。也就是说，造字的时候没有考虑声旁的调类。因此，很多声旁字是各调皆有的。比如从"分"做声旁的字，"芬、汾、粉、份"四个声调都有。留学生认读汉字，不仅要掌握正确的声母、韵母，而且要掌握标准的声调。上述情况对学习和记忆不仅没有帮助，反而干扰学习和记忆的效果。

③ 偏僻声旁。有些声旁不是常用字，对于这类字的教学恐怕不能先去识读声旁，再去识读字音。现代汉字的 200 多个所谓能准确表音的声旁（或同音声旁）中，大约有 60 多个冷僻字和非常用字。

匝—砸、唖　　冉—苒　　　氐—低、抵、底、邸

敫—缴、激　　牟—哞、眸　　䖝—嚯

这类声旁有的比它所组成的形声字还要冷僻，如"砸"人们常常见到，而它的声旁"匝"却很少见到。"激"是个常用字，可是当姓氏用的"敫"却极少见到。遇到这类现象，恐怕就不能先识声旁再去推知字音，而是先去学习整体形声字，再去利用右旁，去学习其他字形。或者利用已学过的字去记忆未学过的整字。这是所谓的"声旁"，其作用也就几乎

不存在了。比如"激"和"缴"两字的读音差别很大,没有必要再去解释"敫"作为声旁对读音的整体作用了。

④ 有些字的音形不是单一的。现代汉字做声旁的字,有120多个是多音的声旁所构成的形声字。由这类声旁构成的形声字,有的不同于声旁的多音,有的又可能同于声旁的多音。

"暴"是一个多读声旁,而由它构成的同声旁的字却不能类推多读。或者可以类推多读,那么声旁的多音之间,在表音上的作用只能是相互干扰,相互抵消。其结果增加了干扰,增加了误读率,削弱了表音率。此外,多音声旁和它构成的形声字之间,有的还有可能有异音关系。

在这种"同""异"交错重叠的复杂关系面前,利用声旁去记忆汉字的作用究竟还有多大,是可想而知的。

三、利用声旁进行汉字教学的建议

看待声旁表音的问题应该有客观的态度,既要承认声旁准确表音率低(声旁与形声字声韵调完全相同的规则字只占少数),也要相信声旁在提示字音上具有不可取代的作用。要想利用声旁的表音功能必须处理好它和整字的关系,认清声旁干扰表音率的原因。影响表音度的因素是多方面的,从静态分析有声符在形声字中处于什么位置,声符是否能独立成字,声符成字时的读音是否固定,形声字本身是否多音等几个因素。在以下的几个建议里主要涉及成字声旁的使用、形声字和声旁的关系两个内容。

(一) 关于成字声旁的使用——声旁部件教学

在《汉语水平词汇与汉字等级大纲》(以下简称《大纲》)的全部四级形声字中声旁成字的比例为80%,在这些单独成字的声旁中,甲级声旁所占比例为33%,乙级为16.5%,丙级为8.4%,丁级为7.4%,声旁成字比例呈递减趋势,而且降幅很大,这说明声旁低于整字的数量一定会呈递增趋势。如果按《大纲》的顺序进行教学,那么在学习甲级字时,至少有66%的形声字声旁是未学过的,乙级有50%的形声字声旁未学过,丙级有42%的形声字声旁未学过,到了丁级只有35%的声旁没学过了,丁级字在教学上有很大优势,我们认为可以利用好甲级声旁到丁级声旁的过渡阶段,采用一种类似部件教学的方法,对成字声旁既要从独立汉字的角度给予关注,又要突出它们作为表音部件的功能。在规则字较少的甲级字教学初期,引导学生认识现代汉字的全貌,随着学习程度的提高,自身的规律性的加强,学生可以自然地领会到声旁提示语音的作用,在学习甲级字时必须着重强调占33%的声旁字,引导学生进行收集、整理,在学习其他级别的汉字时要求他们对已学声旁进行合理的应用,加快学习的进度和规律性。

（二）利用形声字和声旁的关系——声旁归纳法

部件教学中，声符的利用不如意符那样方便，主要原因在于声旁的出现有时会滞后于从它得出的形声字，使教材的编排遇到了障碍。下面我们举万业馨列举的一组字，了解一下声旁和所属形声字在《大纲》中出现的先后次序：

第一组，同级（18%）：长（甲级声旁）—张（甲级形声字）；仓（丙级声旁）—苍（丙级形声字）。

第二组，声旁高于形声字（41%）：长（甲级声旁）—帐（丙级形声字）；仓（丙级声旁）—疮（丁级形声字）。

第三组，声旁低于形声字（41%）：仓（丙级声旁）—创、抢、枪（乙级形声字）。

至于能否实施，要看它是否符合教学安排的基本原则，即由易到难，由常用到次常用。从上面的例子来看，前两组都是适合利用声旁引导形声字认知的，第三组中41%的声旁不如所属形声字常用，在教材中出现的也比较晚，对于这部分声旁我们考虑采用归纳法来处理：直接出形声字，把同一声旁的形声字归为一组，并标以读音，如根、跟（gēn），很、狠（hěn）。万业馨的文中还涉及了一个例子，即分析学生在听写时的错误（括号内是正确写法），发现这似乎可以说明先学整字并不影响声旁的提取。

方（放）、其（期）、者（都）、氐（低）、哪（那）、讽（风）、放（方）。

此外还要遵从两个原则：① 除了完全同音者外，不做读音上的类似推导，否则会产生混乱。② 通过"熟悉字带不熟悉字"或者"高频字带低频字"，促使学生逐步认识形声字的结构特点，学会自己归纳形声字，利用声符去学习和掌握字音，促进汉字学习。我们所要做的是引导学生注意声旁所处的位置，比较它与形声字的读音异同，启发他们以类推、对比等各种联想方法认读与记忆。综合这几点，我们认为在利用声旁进行汉字教学时，可以考虑使用先教整字然后利用分析归纳的方法。

对外汉字教学中还有许多值得探讨的东西，形声字的认读也还需要做大量的工作。但是，我们需要明白一些教学理念和教学原则，其中一条重要的原则就是不能以汉字的规律去代替汉字的认知规律。

四、对外汉语常用形声字表

既然形旁和声旁有如此复杂的表意表音的关系，我们的任务就是要尽可能多地利用其有利的一面，避免过多的干扰性因素掺杂进来。形声字的形旁表义度小，表义大多只是表示出与汉字意义的范围、种属、材料等的关系。所以在对外汉语教学中，应把形声字形旁的功用主要放在其字形上，而非其所代表的意义上。对形声字的声旁来说，既然预设目标是要让它对提示汉字读音起到指导作用，所以建议把重点放在声韵全同（调可不同）的形声字上。因为留学生初学汉语时，对汉语的四个声调很陌生，汉语的四个声调也是他们学习的难点。因此，首先让它们准确掌握的是声和韵，至于其声调可在适时语境或词汇中慢慢对比、区分、掌握。

在形声字范围选择上，只把汉语当作语言工具的留学生没必要把字源上的形声字（如年、春）也作为形声字来学习，这样会增加形声字系统的不规律性，反而影响他们的学习兴趣。对他们来说重要的是看到形声字能一目了然，能较容易地分辨出声旁和形旁，因此对那些在造字之初就省声的形声字也不算在内，如"疫、截"等。

从留学生学习的认知心理上讲，如果我们能提供一个较准确表音的形声字表，能使其轻松认读乃至背记，则是一件很有意义的事。在纷繁复杂的形声字表义表音规律中找出一些明晰准确的规则来列表量化，从精确的入手，学到一定程度自然会有触类旁通的效果。所以，对外汉语教学用形声字应该体现以下几特点。

① 针对留学生学习汉语的一般目的即听说读写，以现代汉语常用字表为基本材料选出对外汉语教学用形声字。施正宇统计在3 500个常用字中形声字有2 522个，占72%，虽本节设计的统计方法与其不一致，但可肯定地说，形声字仍占很大部分，对常用字的掌握具有普遍意义。

② 为突出声旁的标音作用，选择同声同韵字。这样可以使声旁与形声字字音关系对应化。一个声旁对应它同声同韵的形声字，使多音声旁也得到分化，条理更清晰，排除了同声异韵或同韵异声等情况。如《现代汉字形声字字汇》中"Ang[卬]ang"下有"[ang]昂""[yang]仰""[ying]迎"几项，据此标准，只选"[ang]昂"。又如"[巴]ha"下有"[ba]把、吧、爸、靶、笆"和"[pa]爬、耙"两项，我们只选[ba]一项。这样对母语中不区分[p]、[h]的留学生来说起到明示的作用，更强调声母的区分。再如"[别]bie"下列有"[ba]捌"项，按本节标准，则"捌"不算在对外汉语教学形声字内。

③ 冷僻声旁可通过字形和与其同声同韵的形声字列在一起，不必刻意先去学冷僻声旁再认识形声字，可以先识记表中常用的形声字，提取声旁掌握其字形，以便在其他字中通过字形的相同推出两个字音相近，如异声同韵、同声异韵等。例如"卂"（xun），可通过常用的"讯"知道与其列在一起的形声字的读音，"汛""迅"等。

④ 不成字声旁与冷僻声旁一样，也是先通过一个包含它的常用形声字记住其音节，再用其字形去判断其他包含它的形声字的字音。不成字声旁据项菊在《3 500常用汉字中声旁的表音功能》一文中统计共有458个，占1 003个声旁的46%。所以数量如此之多的不成字声旁没必要花大功夫背记，可以先通过包含它们的形声字产生印象、记背，再指导读音。如"爿"，包含有它的形声字有"奖""酱""浆""桨"等。

⑤ 如果声旁是多音字，且几个音都有多个形声字，则几个音都列，如"辟"下列有[bi]和[pi]两个音，例字有"壁""避""臂"和"霹""譬""劈""僻"等。如果多音声旁有一个音不常用，与其同音的形声字又很少，则不单列此音，如"查"的[zha]音不常用，就不单列了，"渣"不列为形声字。

⑥ 声旁字本身不是常用字，在3 500个常用字中又只有一个形声字的，一般不列，

如"氾"和"范"、"印"和"昂"、"卯"和"铆"、"乘"和"剩"等。

⑦ 字表中同声同韵的形声字可再细化，区分出声调相同的列在一起。

⑧ 形声字的判定方法很简单，即在倪海曙编写的《现代汉字形声字字汇》中挑出3 500个常用字的形声字，再根据同声同韵的原则，选出声旁与相应的形声字。李燕、康加深确定形声字的方法是根据传统字书等判断出形声结构，而后再根据形符表义度和声符表音度来共同判定出他们所要求的形声字。本节判定对外汉语教学用形声字的方法则省去表义度一项，只根据客观上能准确判断语音和字形来确定。有的字按传统划分不是形声字，按本节标准可划为形声字，如"比"，声旁是"匕"。有的字中只要包括可拆分的独立同音部件，就划为形声字，例如，"葱"包含有"匆"，"柒"中有"七"。

⑨ 对外汉语教学用形声字各个指标都符合传统形声字的定义，也符合各家划分的形声字，所以从一定意义上讲，对外汉语教学用形声字是一般划分的形声字的核心部分。如果要继续拓展对形声字的知识，还可直接利用其他已有的形声字汇进行深入学习。

⑩ 有的改念字音，因为声旁本身是冷僻字，人们通常不知其读音，而且它构成的很多形声字读音很统一，为了系统的规律性，将声旁改音，用它提示另外一个读音。

⑪ 因为形声字声旁力求一目了然，所以未收入《现代汉语形声字字汇》中声旁"尚"的形声字"赏""裳"。声旁"示"的形声字"视"也未被收入。

对外汉语教学用形声字表的设计是为了使已有的形声字的有效规则得到更好利用，我们辨析确认出其中的核心部分加以量化、精确化，使留学生在记忆时可以减轻声旁与形声字读音相关又交错的"混乱"情况，放心背记。而后由此确定的背记部分再推演至其他有效规则，如可利用形旁表义、声旁表义、两用偏旁等形声字规律去辅助学习、掌握。由精到泛，精是基础，泛是目的，这是设计此表的目的。

第七节 形声字读音习得中的归类推比法

形声字声旁的表音情况十分复杂，声旁的表音率一直被认为是偏低的，在对外汉字教学中人们对形声字声旁的表音功能重视不够。其实学习者在形声字读音习得中，并不完全依据声旁的读音，他们常常利用含有该声旁的其他形声字的读音去做类推，也就是使用归类推比方法。本节依据一定材料对可以用这种方法类推的形声字进行了一些探讨。

一、形声字的准确表音率和有效表音率

现代汉字的字符可以分成三类，即义符、音符和记号。与古代汉字相比，现代汉字的结构方式发生了一些变化，其中形声字的变化尤为显著。根据字符学说和"新六书"理论，古代汉字中的形声字在现代汉字中分化成了几种：① 由原来的形声字变成了独体记号字

或者合体记号字。独体记号字，如"斥、年、更、金、重、必"等。我们知道，形声字字形上由两个部分组成，一是声旁，一是形旁，如果不能拆分成两个或者两个以上的部分，我们就不能将它看成形声字了。合体记号字，本来应为会意字或兼为形声的，现在已经看不出了。如"樊、冠、冒、契、服、库、量、亮、舍、在、延、旨、企、些、异、封、员、春、段、觅"等。② 由原来的形声字变成了"义符+记号"字，组成半义符半记号字，如"春、鸡、执、急、缸、逃、灿、灯、炉、栗、泉"等。③ 由原来的形声字变成了"音符+记号"字，组成半音符半记号字，如"笨、胜、毕、球、诛、纪、寞、华、巩"等。根据统计，在3 500个现代常用字中，独体字有247个，占总字数的7%；合义字（即"义符+义符"字）有184个，占5%；合体记号字有384个，占11%，半义字（即"义符+记号"字）有453个，占13%；半音字216个，占6%；音义字（即形声字）2 016个，占58%。

虽然形声字在现代汉字中占到58%，可是形声字声旁的表音情况十分复杂。声旁的表音率一直被认为是偏低的。叶楚强先生较早对声旁的表音问题进行了量化研究，他把《新华字典》(1962年版)中的字头字里的7 504个"字中字"按读音分组，得到778个统计单位。如果准确表音的概念是"形声字与声符的声韵调完全相同"，那么只有77个声旁和包含它们的汉字同音。这样的汉字一共有255个，这些字只占7 504个字的4.7%，换句话说，只有4.7%的形声字的读音与声旁的声韵调完全一致。如果准确表音的概念是"不计声调，只要声母韵母一致"就可以的话，大体上可以说有184个声旁和包含它们的形声字同音，这样的汉字有1 108个，184个声旁占全部778个声旁的23%，1 108个字占7 504个字的14.7%。由此可以说，有14.7%的形声字能大致按它们声旁的读音来读。因此长期以来人们对形声字声旁的表音功能持悲观态度，在对外汉字教学中的表现就是一直存在着重义符轻音符的做法。

后来周有光先生提出了声旁"有效表音率"的问题，使人们对声旁表音的认识前进了一步。他经过统计指出，"现代汉字声旁的有效表音率是39%"，但人们在引用这个数字的时候，常常忽略周先生所说的"声旁有效表音率"是"有效声旁比和有效含旁比的平均"，而有效含旁比是"含旁字表音功能单位总数除以含旁字（含有部首以外的半边的字）总数所得的商"。由于含旁字的范围大于形声字，在被除数不变的情况下，除数变大，商则相应变小。因此，实际的有效表音率可能还要高一些。

尹斌庸先生从声旁的预示能力入手，按照表音程度，把声旁分成6个类型，依据声旁与形声字读音的联系程度，分别用0～1的分值计算。结果得出，汉字形声字声旁的预示能力是0.50，即认识一个生字（形声字）读正确的可能性是一半。

这里就出现了问题：如果仅有14.7%的形声字能够基本准确表音，那么为什么声旁的预示能力可以达到50%呢？笔者认为，声旁的表音能力不仅仅由声旁单独决定，声旁系统和形声字类推都可以提供语音信息。比如"崖"字，我们会很自然地认为其声旁是"厓"，因为"涯、睚"都是ya声。但实际上，崖的部首是厂，《说文解字·厂部》："崖，高边也，从厂圭声，五佳切。"但由于"崖、涯、睚"三个字含有一个共同的部件"厓"，因此它们聚合成了一个范围,在这个范围内就会很自然地推断它的声旁。事实上,如果认识了"崖",学生也会很自然地推断"涯"和"睚"的读音。尽管他们对"崖"的声旁判断是错误的,但对"涯"和"睚"却能做出正确的推断。这种现象就是形声字读音习得中的归类推比现象。

传统认字有"秀才识字读半边"的说法。判断一个生字的读音,识读者首先会依据常识判断出该字的声旁,如果声旁是常用字,识读者的第一反应是这个常用字的读音。如果不正确,则会从含有该声旁的其他形声字的读音上去类推。笔者就"肫"字做了一个小试验,在被测试的不认识该字的20个人中,90%的人对读音的第一判断是"du",当指出错误时,70%的人判断为"dun",30%的人的第二选择是"chun"。原因就是受到了已知的"吨、钝、纯、炖"等字的影响。在对外汉字教学中,如何利用好归类推比方法,利用学过的形声字来识读生字,很有探讨的必要。

二、归类推比法的理论和应用

对于文字呈现后,怎样把读音读出来,主要有三种假设。一是直接触发说。当读者感知到字形则直接在心理词汇中找出整字的读音,然后将字音发出来,因此念字所需要的时间短于"假字"所需要的时间。二是形素—音素对应规则说。读者先将字串分析成形素,然后找出其对应的音素,再将字串拼念出来。三是双重历程说。一般常见的字经由直接接触找到字音,不规则的字如"假字"则由形素—音素对应规则找出字音。双重历程概念的另一种说法就是类比说,指不论"真字"和"假字"都使用相同的知识来源,字形触发(activation)是在心理词汇中找出各种各样临近或相似的形与音的信息,然后综合(synthesis)。有关汉字阅读和认知心理实验的研究成果也证明了这种现象。曾志朗先生就"阅读汉字所经历的语音转录是由哪一种机制产生的"这一问题进行了研究。他指出,汉字呈现时,"要么是一目了然,不然就是要经过由整字到局部的解体过程"。在这个解体过程中,带有语音线索的部件激发了许多外形相同的其他汉字,然后综合这些汉字的发音,读者在脑海中合成一个可能的发音。根据这种"激发—综合"理论,读者在认读含"声旁表音一致性很高的字"时反应速度应该最快,其次是声音表音一致性低的字,即发音有例外的,如"碑"("牌"为例外),而对"不规则形声字",如"扮"("粉"为规则形声字)不仅认读反应慢,而且错误率也最高。

有关汉字语音习得的理论和实践启发我们:在形声字教学中,不仅要认识到声旁在读音中所发挥的作用,因为它是第一位的、直接的条件,而且还要认识到含有相同声旁的形声字也可以起到提示语音的作用,不管这个声旁是否是常用字。事实上后者所起的作用比声旁更大,因为如果声旁的直接表音率为14.7%,那么剩余的80%以上形声字的读音要通过这种方法来实现。由此可见,归类推比法是认读汉字的重要手段之一,尤其对于那些不能准确表音的声旁来说,运用形声字的归类推比比单纯识读声旁更为重要。根据张厚粲、舒华的实验,将具有形似音异、形异音同和形似音同三种联系的字组成三组,对受试者给出启动字施加影响,让他对目标字做出反应。结果表明,形似音异组中86%的目标字读音错误是由于受形相似的启动字影响而产生的。比如在无启动条件下,目标字"褡"的读音错误率为0,当启动字为"塔"时(形似音异),有42%的被试者将目标字"褡"念成"ta"。

我们根据《现代汉语常用字表》的常用字和次常用字,以倪海曙《现代汉字形声字字汇》为标准,整理了形旁难以识别的字,我们看看在这些字读音的习得中归类推比法的作用。

对于"声旁与形旁交杂"的字,在语音习得过程中人们往往会忽略寻找声旁的步骤,而直接看同组形声字在其他部件不变的情况下,某一位置上的部件是否可以替换,如果可以替换,就能在同组形声字中进行字音归类推比了。如表5-7所示。

表5-7 用归类推比法整理形旁难以识别的字

声旁情况	例字
声旁与形旁交杂	翰、乾;疑、肆;梁、粱;裁、戴、载、栽;房、虑
声旁变形	他、她;形、刑、邢、研;鉴、览;活、话、刮;椭、堕;常、思、细;留、柳;裳、赏、掌、棠
声旁省声	营、莺、莹、荧、荣;席、度;赛、寨;琉、硫;浆、奖、桨、酱;豪、毫;辙、撤、澈;辣、赖;浸、寝

例如"疑、肆;梁、粱"两组,一般情况下,人们不会想它们的声旁是什么,只要看到它们左边的部分或上面的部分相同,直接就归为一类进行推音。"浆、奖、桨、酱"一组,习得者也不一定知道它们共同的部分是由哪个字省改而来,但同样会把它们归为一类,进行字音互推。对于"声旁变形或省声"的字,如"刮、活、话"一组,其声旁都已经很难从现在的字形上辨认出来,但人们一般也不会认为声旁念"she",因为这组字的读音中没有一个音与"she"接近。再比如"邢、刑、形"一组,"邢"的声旁是"井","刑"的声旁是"井(jǐng)"。对于"形"的声旁说法不一,有人认为是"井",有人认为是"开",但无论是哪一个,一般人也已经很难辨别出来,也不知道这些声旁念什么,只会通过他们共同的部分"开"将它们列为一组形声字,但是从这一组字中又没有读"kai"这个读音的,因而就进行读音之间的互推,判断它们的读音为"xíng",另外"研"的读音是个例外,需要特别注意。对于"莹、荧、萤、营、莺"一组,人们也不一定知道这些字的声旁到底是由什么省改而来,但在字里出现了相同的构字部件,而且大多数都在字中相同的部位,形旁又比较明显,所以人们就很容易将它们的读音进行归类推比。

对于不明声旁读音的形声字,归类推比法就显得更为重要。据统计,共有61组(两个以上)215个形声字。

非常明显,我们对于"峰、蜂、锋、逢"声旁读音的判定,是基于这一组形声字整体。根据我们的试验,在测定留学生目标字"瑶、鹞、鳐"的读音时,88%的学生都选择了

yao，这是因为受到了已知字形"遥、谣"的积极影响。当然有很多字的读音不是这么系统，如"倍、陪、部、培、赔、剖"等。但我们的任务是设法找到其构音规律，为正确快速识读汉字提供更直接可靠的方法。比如在"滴、嘀、嫡、摘"一组中，3 500个常用字和次常用字中，只有"摘"一个读音例外，这也可以成为一条规律。

三、整字类推参数的测算

关于"整字类推率"，我们分为四个等级来统计，前提是不考虑声调：A级为声母韵母完全相同，B级为声母不同而韵母完全相同，C级为韵母主要元音相同，以排除跟B级重叠部分，D级则完全不具备整字类推性。以此为标准，对声旁所统字进行统计。如"矢"旁所统计的"疑、肄"二字，其声韵完全相同，类推等级属于A级，按这一等级的要求，符合声韵完全相同的字有两个，"矢"所统计的字也有两个，二者之比分值为1，所以整字类推记为1；再如"载、戴、裁"这一单元，三个字声母不同，但韵母完全相同，类推等级属于B级，按这一等级的要求，可类推字有三个，考查字有三个，所以整字类推率为1，如果没有可类推字，计为零。C级的统计方法与此类似，可参照上面所举的例子。这里还有一点要特别说明，如果一个声旁所统计的字很复杂，里面可以有两组或两组以上的类推，甚至有两个或两个以上等级的类推，那各组各等级都要照顾到，分别统计。因为这样可以最大限度地扩大类推范围，以服务于汉字教学，同时也不用担心会混淆，因为各个等级的要求不同。如"绎（yi）译（yi）择（ze）泽（ze）释（shi）"一单元，按我们的规定，有三组类推，即"译、绎"一组，"泽、择"一组，还有"绎、译、释"一组，前两组属于A级，整字类推率均为0.4，最后一组为B级，整字类推率为0.6。如表5-8所示。

表5-8 整字类推率的四个等级统计

声旁情况	例字	声旁表音度	整字类推率			
			A级	B级	C级	D级
声旁形旁交杂	疑、肄	0.5	1			
	梁、粱	0.5	1			
	裁、戴、载	0.5		1		
	虏、虑、虚	0.167		0.67		
声旁变形	他、她	0	1			
	形、邢、研	0.167	0.67			
	鉴、览	0.75			1	
	思、细	0.75		1		
	留、柳	0.5	1			
	掌、常、裳、赏、棠	0.5		1		

续 表

声旁情况	例字	声旁表音度	整字类推率 A级	B级	C级	D级
声旁省声	营、莺、莹、荧、荣	0.8	0.8			
	席、度	0.25				0
	琉、硫	1	1			
	浆、奖、桨、酱	1	1			
	豪、毫	0.5	1			
	辣、赖	1			1	
	浸、寝	0.75		1		
声旁读音已变	污、夸	0.25				0
	读、渎、续	0.5		1		
	鸵、驼、舵、蛇	0.63		0.75		
	淳、谆、醇	0.83		1		
声旁已不独立成字	拔、跋、茇、鲅	0	1			
	倍、焙、碚、培、陪、赔、部、菩	0	0.38/0.38	0.75/0.25		
	辨、辩、辫、瓣	0.88	0.75		1	
	勃、脖、荸	0.67	0.67			
	搏、博、膊、傅、缚	0.4	0.6/0.4			
	杨、扬、场、畅、肠、汤	0.67	0.5/0.33	1		
	谗、馋、搀	1	1			
	船、铅、沿	0.67			1	
	搭、塔、瘩	0.83	0.67	1		
	滴、嘀、嫡、摘	0.75	0.75			
	愕、鄂、鳄	1	1			
	肺、沛	0.5	1			
	峰、蜂、锋、逢	1				
	宏、雄	0.5			1	
	灌、罐	1	1			
	假、暇、霞	0.67	0.67	1		
	拣、练、炼	0.67	0.67	1		
	疆、僵、缰	1	1			
	叫、纠、收	0.33			0.67	
	鞠、菊	1	1			
	卷、眷、拳、券	0.75	0.5/0.5			
	考、巧、朽	0.5			0.67	

续 表

声旁情况	例字	声旁表音度	整字类推率			
			A级	B级	C级	D级
声旁已不独立成字	撩、僚、燎、镣	1	1			
	麟、鳞	1	1			
	棱、陵、凌、菱	0.75	0.75			
	满、瞒	1	1			
	脑、恼、垴	1	1			
	漆、膝	0.75		1		
	操、燥、臊、澡、噪	0.6	0.6	1		
	杉、衫	1	1			
	深、探	0.5				
	琐、锁	1	1			
	踏、塌	1	1			
	陶、掏、淘、萄	1	1			
	温、瘟	1	1			
	掐、陷、馅、焰	0.75	0.5		1	
	汛、讯、迅	1	1			
	蝶、喋、碟	0.5				
	翼、冀	0.75		1		
	译、泽、择、绎、释	0.5	0.4/0.4	0.6		
	忱、耽、沈、枕	0		0.75		
	捐、娟、涓、绢	0.5	1			
	昂、仰、迎	0.5		0.67		
	宛、怨、鸳	0.83	0.67		1	
	扎、乳	0.75		1		
	趁、珍、疹	0.83	0.67	1		
	琢、啄、椓	0	1			

　　上面是我们关于3500个常用字中相当部分形声字（多音情况暂且排除在外）的一个统计表，表格的关键在于"声旁表音度"和"整字类推率"两个参数上。这里共整理了69组形声字，其中声旁表音度在50%（含50%）以上的共58组，占到84.1%。需要说明的是，这里不是一种纯本体的研究，其目的是服务于对外汉字教学，所以这里的表音度是分单元逐个统计的，以便于对教学的作用更具体些，以至于得出的数据都偏高，与平常人们的统计数据差距较大。

　　虽然我们统计的声旁表音度都很高，但由于这些形声字的声旁都比较复杂，从"声旁情况"一栏就可以看出。所以在对外汉字教学中，这些声旁本身的表音线索可能不容易被留学生学习和接受。这样我们设置了"整字类推率"这一参数，来看看含有相同部件的形声字在语音上的联系。从统计结果看,"整字类推率"处于 D 级,也就是声旁所统计的各字之间不具备任何类推线索,这样的单元只有"席、度""污、夸"和"深、探"三组。从数据上看,有 27 组的 A 级"整字类推率"达到 1,占到 39.1%,15 组 B 级"整字类推率"达到 1,占 21.7%。即使达不到 1 的单元,其类推等级往往不单一,且内部类推往往不止一组,这说明它们彼此间的类推关系也是比较强的。

四、归类推比法对汉字教学的启示

以往的对外汉字教学过多地关注了形声字中义符的教学,这非常有必要。万业馨统计了与汉语教学配套的《汉字练习本》,所讲的汉字偏旁有 24 个都是义符。1986 年出版的《汉字读写练习》中介绍的 70 个偏旁,也基本上是义符,其他教材的情况也大致相同。毋庸置疑,义符能够起到提示意义的作用,但同样毋庸置疑的是义符只能起辅助意义的作用,义符与字义之间的联系是宽泛的、不科学的,再加上同一个义符偏旁往往统字过多,这样就使得留学生对义符的记忆率并不高,而且常常出现书写中义符脱落或丢失的现象。下面常见的例子可以说明这个问题(前面为正确的,后面是留学生的错字)。

温度—显度　　他们—也门　　记忆—己乙　　知道—矢道
特点—寺占　　都—者　　　　汉字—又子　　思想—田相

按照正常的教母语习得者的经验,以"温"为例,三点水旁是最不应该丢掉的。因为"温"直接与水有关。从字理上来说,"温"右上方的"日"是"囚"的变体,表示封闭,"封闭器皿才可以保持水温"。有人为了让学生记住"温"还专门编造了汉字理据,说"太阳照在水里,使水变温",但即使这样,很多学生仍然在听写或书写过程中,遗漏我们认为最不该遗漏的部件,与此相反的是对声旁相对长久的记忆保留。

近年来,关于汉字习得顺序的研究引起了人们的注意,相当一部分人认为汉字教学应该先独体再合体,或者先部件后合成。事实上完全依据部件的出现频率和构字特点,由独体到合体是行不通的,也不一定符合汉字的认知规律,我们知道,文字的产生到发展,是从具体到抽象的,而不一定是由独体到合体的。相反,最初的文字有的是图画形式,画起来很复杂,但它却可以表达人们的思维概念,或者说是语言段的意思。即使是早期的文字符号,也不完全始自独体字,像"虎、鱼、龟、象、车"等字描摹事物的形状非常复杂。在象形文字的时代,它们是易于区别和辨认的,但在现代汉字中,它们丧失了象形汉字的特点,变成了合体字。从认知的角度来说,无论我们画出这个字的原始字形,还是解释它的字义,都难以让学生记住并书写它的字形,我们只有把它们当作合体的记号字强制记忆。再从现有的对外汉语教材来看,合体字先出现是不可避免的。因为汉语教材要照顾到汉语的交际功能,而单纯依从所谓汉字规律来安排交际内容,是很难做到的。比如"你、好、谢"这样的字,不可能按照"亻、尔、女、子、讠、身、寸"部件的学习顺序去习得。声旁也是这样,很多形声字的出现要早于其偏旁的出现,何况有的偏旁根本就不成字,连母语习得者都不会认识。对于这些大量的形声字,习得者恐怕难以遵循先识声旁再识整字的规律。

恰恰相反，正因为学生认识了整字，才可能去推断声旁读音。据调查，由于习得了"低、底"，所以在遇到"抵"的时候，90%以上的学生都会推断为 dī 或 dǐ，这正是归类推比所起的作用。

因此，我们不必因为声旁表音的复杂性以及声旁表音率偏低而对形声字教学过于悲观，切实总结和利用形声字的各种信息，对对外汉字教学将起到巨大推进作用。

第八节 字、词及汉字教学问题

如何利用汉字的特点（包括形音义各个要素）来扩大留学生的词汇量，使之在尽可能短的时间内达到某一阶段的教学目标，是汉语教学尤其是词汇教学的重点所在。在这个问题上，任何执于一端的说法，比如"取消'词'和'语素'这两个术语""用汉字教学取代词汇教学"等都是不切实际的。本节试图在理论上廓清字和词的关系问题，同时探讨对外汉语教学中如何处理好汉字教学和汉语词汇教学关系的问题。

一、汉语的特点：字词关系

汉语中"字"和"词"关系的问题是汉语的一个特点。西方文字没有"字"的概念，尽管在普通语言学中大家都用"文字"这个术语，可西方的"文字"就是指文字系统，它没有再细化出一个一个的字。所以在"字"的翻译问题上，就出现了很多说法：word、Chinese character、Hanzi 等。我们说"man"的时候，就说它是一个词，而不说它是一个字或者几个字。而在汉语中，"文字"有两个含义，一个是指记录语言的文字符号系统，另一个是指一个个具体的字。由此，在汉语中我们说"男人"的时候，常常说这是一个两个字的词。所以人们常常有这样的概念，"字"是中国旧有的，"词"的概念是受西方语法学影响才产生的。有人由此得出结论说，"中国古代没有词"。这一点又进一步成为有些人拒绝西方语法分析术语和方法的理由，认为用"字"来分析汉语语法足够了。以前，在对外汉语教学上，也不断有人呼应这种观点，试图从理论上消灭"词"这个概念，完全以汉字教学取代词汇教学。

事实上，我们从过分注重词本位，到认识到汉字教学的重要性以及汉字教学在整个对外汉语教学中的作用，应该是一个不小的进步。但如果因此而否定汉语中"词"的存在，则走到了另外一个极端。

首先，不能说中国古代没有"词"。"词"既然是语言的基本结构单位，那么这样的语言单位就是任何语言都应具备的，它的特征就是：具有特定的语音形式，表达一个完整的概念，可以独立充当造句成分。那么，汉语从古至今又何尝离开过这种单位？拿"有朋自远方来，不亦乐乎"这个句子来看，每个书写符号都代表了汉语中的一个词。正因为古代汉语一字一音节的特点，才使得古代没有产生"词"这个术语，往往用"字"的名来指称"词"之实。可即使是在古代,也有俩字一词的情况,比如像一些联绵词。我们语言的基本结构单位在音节数量和概念意义的完整上跟字形成的差异,也就是字和词的区别。上古汉语课基本上一个字就是一个词,因而用不着讲字和词的区别。到后来文言文与口语的差别越来越大,如果说文言文不讲字和词之别还勉强可通的话,口语不讲就不好办了,白话作品或者说现代汉语不讲字和词的区别就更不好办了。从工具书方面来说,在语言事实中没有或基本上没有"字""词"分别的情况下,也就没有区分字典和词典的必要。《说文解字》《康熙字典》既是字典又是词典,外语没有字词之分,他们的 dictionary,我们一开始多称之为字典,后来多称之为词典。名称不同,其实没什么两样。可是我们的《新华字典》和《现代汉语词典》就不同了。《新华字典》如果改称《新华词典》,《现代汉语词典》如果改称《现代汉语字典》马上就不同了。到了现代汉语中,我们如果还只使用"字"的概念,显然就更不能反映汉语的实际情况。我们总不能说"我们"是一个字或者两个词吧?

二、汉字创词的误解

由于汉语是用汉字记录的,又由于汉字的表意性以及词素联系的紧密性,便使人产生了某种误会,以为汉语的词都是由汉字构成的;或者以为词是由汉字组成的,掌握了单字就一定能够一通百通,见字就能懂词,望文就能生义,由单字的意义就能任意创出各种合成词的意义。汉字创词论认为:"汉字具有创词潜力","本土的汉字能引人入胜,旁衍范围很广,没有它,我们就失去了创词的能力。"这实在是一种误解。

字义是静态的,而词义是动态的。在辞书的收录的字义中,一个字往往有多个义项,而在具体的词汇中,字的义项只能保留一个。不同的词语中,其构成字的字义又有很大差别,所以词汇常常被当作一个整体来学习。如果只是认识了一个字,也就是对它的形音义有了基本了解,并不一定能正确或者准确理解一篇文章的内容。因为这些字义要受到构词成分的制约。以"生"为例:

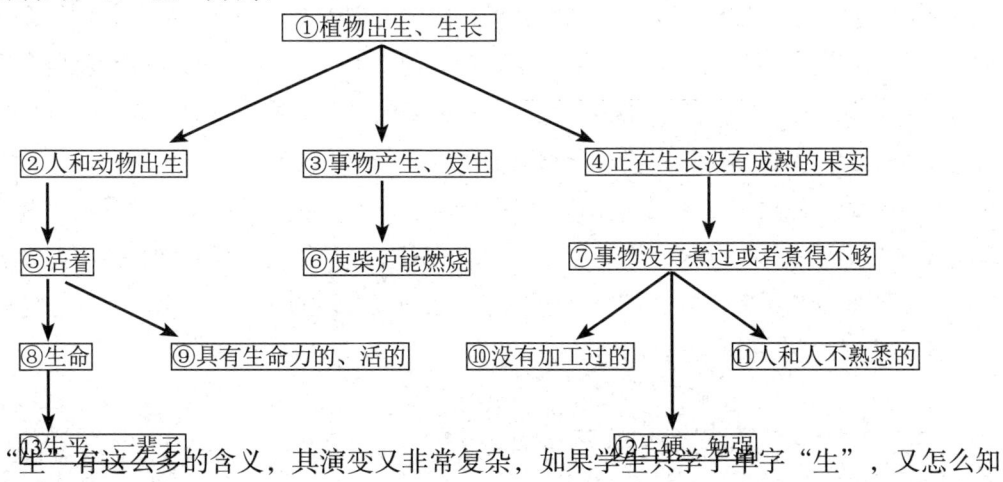

```
                    ①植物出生、生长
                    ↓      ↓      ↓
        ②人和动物出生  ③事物产生、发生  ④正在生长没有成熟的果实
              ↓              ↓              ↓
           ⑤活着      ⑥使柴炉能燃烧   ⑦事物没有煮过或者煮得不够
            ↓ ↓                          ↓           ↓
         ⑧生命 ⑨具有生命力、活的    ⑩没有加工过的  ⑪人和人不熟悉的
            ↓                              ↓
         ⑬生平、一辈子                  ⑫生硬、勉强
```

"生"有这么多的含义,其演变又非常复杂,如果学生只学了单字"生",又怎么知

道"生"的这些具体含义呢？那么不同的"生"在不同词中的含义极细微差别，就更不能领会到了。且看由第二和第三个义项的"生"构成的词汇：

生病、生财、生产、生事、生效、生疑、生产力、生财有道、生花之笔、横生、萌生、派生、新生、再生、触景生情、急中生智、节外生枝、乐极生悲、七窍生烟、惹是生非、熟能生巧、望而生畏、望文生义、无事生非、无中生有、妙趣横生、谈笑风生、生辰、生就、生来、生人、生日、生肖、生性、生养、生殖、超生、催生、诞生、接生、孪生、卵生、亲生、收生、双生、胎生、降生、天生、投生、头生、托生、晚生、下生、独生子、独生女、初生之犊、后生可畏、有生以来……

再看下面一段话：

他一生娇生惯养，生就了一副怪脾气，生疑、猜忌，很难与人共同生活，但他又没有谋生的本领，偶尔做点小生意，但常常难以为生，于是选择了醉生梦死的生活方式。小时候父母生怕他不成材，从他出生开始，就对他抱了很大希望，希望他长大后能成为大学生，怎么能料到他的残生竟会是这种状态？

一个只学过"生"字的留学生，况且一开始学"生"的时候，一般是在词汇中，比如"学生"，又怎么能理解这些"生"的意义呢？

另外，字和词在结构关系等方面是不同的。一个词可能用一个字记录，如英语的"I"，汉语的"我"；也可能用多个字记录，如英语的"we"，汉语的"我们"。但是正常情况下很难让一个字记录几个词。词有一个语素充当的单纯词，如英语的"write"，汉语的"写"；也有几个语素构成的复合词，例如英语的"writer"，汉语的"作者"。同样，字有一个部件充当的单纯字，如英语的"a"，汉语的"人"；也有几个部件构成的复合字，如汉语的"从"。同样，从词来看，也是这个道理。词根和词缀这样的语素在词中的语义关系，可以帮助我们理解词的意义，但是不等于词的完整的真正意义。例如，"国家"不是"正确处理国家和家庭的关系"中的"国"和"家"加起来的意义，"打手"不是"他打了一下我的手"中"打"和"手"加起来的意义。

所谓"创词"，即语言学上所谓的造词，指的是创制新词，即解决一个词从无到有的问题。创制或造词实际上是人们给客观事物命名的活动。人们要进行交际，就要求现实中的各种事物都有个名字，以便于称说。遇到不知名的客观事物或现象，人们便会从具体的环境条件出发，根据本民族的语言习惯，利用现成的语言材料，经过思维认识，给它起一个名称。词的产生远远在字之前。若说汉字创词，没有汉字就不能创词，我们不禁要问：汉字才有几千年的历史，汉字产生之前，我们的祖先怎样创词？没有词，他们怎么进行交际？我国有些少数民族，至今没有自己的文字，他们怎么创词？尚未学字的儿童怎样创词？所以汉字造词的说法是根本行不通的。

三、字义和词义联系及汉字教学

110

从词义上看，词义跟字义确实有着不可分割的联系，但是静态中的一个字，在实际语言中往往是不同的词、语素，或同一语素的不同意义。合成词的词义，绝大部分不是字义（语素义）的简单相加，也就是说词义的整体性不容许人们凭单字的字义随意去"组"。比如"打""水"都很简单，初级阶段就学了，可是"打水"学生怎么理解呢？"打铁""打哈欠""打针""打伞""打主意""打雷"中的"打"意义又如何呢？因此，动态的汉字字义，绝不是那么简单的。

同单纯词比较起来，有一部分复合词的词义具有组合性的特点，词的意义可以由两个构词字的意义组合而成，可以对词义进行构成成分的分析。例如："实情"真实的情况；"纳税"缴纳税款；"高大"又高又大。如果以含有一个相同字义的复合词为例，这点就会看得更清楚。

击败：攻击使失败。

击毙：打死。

击毁：击中并摧毁。

击退：攻打使退兵。

击破：攻击使跨、败。

出击：部队出动，向敌人进攻。

歼击：攻击和歼灭。

抗击：抵抗并且反击。

追击：追赶着攻击。

围击：包围起来加以攻击。

这些带"击"的动词，词义既有相同的部分，也有不同的部分。相同之处来自"击"的意义"攻击"，不同之处来自"击"不同的那些字的字义。

但是，有60%～70%的复合词，其词义不是字义的简单相加。它们含有更丰富的特定内容和特定的适用范围。它们的词义具有整体性和不可分割性。例如："流言"不是指"流传的话"；"特地"也不是指"特别的地方"；"特长"亦不是"特别长"的意思。即使有的复合词字义能基本体现出词的意义，但却要求学习者能够正确理解构词方式，才可以了解词义。而这种构词方式又往往像语法分析一样，是由语法学家在大量的语言事实的基础上得来的，是在掌握了词义的基础上才能进行的分析。如果语法学家不了解这个词的词义，他也无法对词的结构做出判断，何况是留学生呢？比如我们常说的"打扫卫生""养病"之类的例子，过去分析成动宾结构，可"卫生""病"又不是动词涉及的对象，留学生怎么能理解？复合词即使在基本意义不变的情况下，位于复合词中字的具体含义还会发生变化。如"板"的基本意义是"成片的较硬的物体"，可在"板报、板壁、板锉、板胡、板凳、板书、板胡、板鸭"这些词中，这个意义却变成了几种不同的具体含义。留学生即使学了"板"，也很难从字面意义上了解这些词的含义甚至大致含义。

大家知道，日文、韩文也使用汉字来记写自己的词语，有些词的形和义和中文几乎完全一样，有些词虽然词形一样，可是意义相去甚远。

另外，在复合词中每个字的字义都受到彼此的制约。如"足"和"脚"是同义字，但是"足球"不能说成"脚球"。有的替换后，虽然也能成词，但意义迥然不同，应该看作两个词，而不是同一个词的不同表达方式。以"声"和"音"为例，虽然两个是同义字，但"高声、高音"，"声乐、音乐"都是不同的词。

还有的词义是字义组合后转移而成的新意。从现代汉字的角度来看，字义和词义失去了直接联系，这主要是词的比喻义、借代义和典故义。

由于汉字和汉语语言单位的特殊关系，我们在汉字教学中可以利用汉字负载的各种信息，进行字和词的教学。其中包括字形的教学、字音的教学以及单义字和由单义字（单义语素）构成的复合词教学。在中高级阶段，还可以对深层的词义教学进行挖掘。比如"灾"，如果处在复合词中的后面，结构关系又很单一，由它构成的词语多与自然界或人为地损害有关。如"水灾、火灾、旱灾、震灾、涝灾、蝗灾、天灾"等。但是另外两个词"抗灾""赈灾"，就需要分析内部结构，以及"抗"和"赈"的字义。

对于组合性比较明显的词语，在教学处理中，可以快速处理或者以此为基础，快速扩大词汇量。而对于整体意义较强的词义，可以采用分析式教学，以加强理解和记忆的目的为主。

最后，字本位和词本位是一个理论问题，字和词的关系问题是汉语的一个特殊现象，两者在汉语教学实践中，不是截然对立的和排斥的。主张词本位，并没有事实上也不可能完全忽略汉字教学，主张字本位也不一定就非取消语言中词和语素的概念，同样应该处理好字教学和词教学的关系，因为这是汉语的特点决定的。

参考文献

[1] 李禄兴. 现代汉字及其对外教学研究 [M]. 北京：中央编译出版社，2012.

[2] 孙德金. 对外汉字教学研究 [M]. 北京：商务印书馆，2006.

[3] 张旺熹. 对外汉语本体教学概论 [M]. 北京：商务印书馆，2013.

[4] 万业馨. 万业馨汉字与汉字教学研究论文集 [M]. 北京：北京语言大学出版社，2012.

[5] 周红. 语篇知识建构与对外汉语写作教学研究 [M]. 上海：上海人民出版社，2016.

[6] 北京语言大学汉字研究所，北京语言大学对外汉语研究中心. 汉字教学与研究（第一辑）[M]. 北京：北京语言大学出版社，2011.

[7] 周小兵. 对外汉语教学导论 [M]. 北京：商务印书馆，2009.

[8] 郑艳群. 对外汉语教育技术概论 [M]. 北京：商务印书馆，2012.

[9] 李蕊. 外国人汉字习得与教学 [M]. 广州：中山大学出版社，2014.

[10] 王汉卫，苏印霞. 基于定量分析的对外汉字学 [M]. 北京：清华大学出版社，2015.

[11] 陈学广，张亚军，陈莉. 对外汉语教学新探——扬州大学对外汉语专业本科生优秀论文选 [M]. 南京：江苏教育出版社，2014.

[12] 王永德. 基于留学生认知实验的汉字教学法研究 [M]. 上海：复旦大学出版社，2015.